GERD WOLFGANG SIEVERS

NEAPEL GENIESSEN

Antica
Trattoria
Pizzeria
Capri
dal 1968
Tipica Cucina Napoletana
a Conduzione Familiare
dove si mangia Bene
e si Spende Poco
Typical Kitchen Family
Neapolitan eats Well
and Little is Paid
è Primm Piatt...
a' Pennett à Capres
ò Gnoch' rint ò Pignatiell
à Linguin à Puttanesc
Past' e Fasul
ò Spaghett' c'ò Mar Ngopp
è Sicond...
à Frittur e Pesce
ò Baccala' à Sicilian
à Grigliat e Carn a Brace
è Sasicce che Friariell e Patatin
e Tante altre cose...
è a Pizz comm Vuo Tu !
Pizzas to Choice !
a 20 Metri salendo le Scale
Via Speranzella, 110 - Tel. 081.0383486

GERD WOLFGANG SIEVERS

NEAPEL GENIESSEN

100 authentische Rezepte und Lokaltipps

CHRISTIAN BRANDSTÄTTER VERLAG

Inhalt

Wohl kaum eine zweite Regionalküche Italiens ist derart umstritten wie die von Neapel. Für die einen ist Neapels Küche die ur-italienischste überhaupt, andere empfinden sie als einfach und proletarisch. Letztlich haben – meiner Meinung nach – beide nicht ganz recht. Die einen deshalb, weil Neapels Küche genau genommen aus einem Sammelsurium verschiedenster Kochstile und Einflüsse aus dem gesamten Mittelmeerraum entstanden ist, die anderen, weil auch in Neapel – zumindest in wirtschaftlich und politisch guten Zeiten sowie bei Adel und Geldadel – hervorragend gekocht und geradezu geschlemmt wurde. Aber genau dieser Widerspruch macht Neapels Küche so interessant, weshalb ich mich seit Langem darüber wundere, warum dieser kulinarische Schmelztiegel nicht schon längst einmal ausführlich dokumentiert wurde. Gerade im deutschsprachigen Raum existiert kaum Literatur zum Thema, wenn man von den omnipräsenten Werken zu Pizza und Pasta absieht. Und auf diese beiden Elemente wird Neapels Küche fast immer reduziert, was letztlich dazu führen musste, dass die *cucina napoletana* oft als proletarisch bezeichnet wird. Betrachtet man das heutige kulinarische Angebot der Stadt nur oberflächlich, so geschieht diese Zuordnung nicht ganz zu Unrecht, taucht man hingegen tiefer in das gastronomische Erbe Neapels ein, dann wird man erfahren, dass auch hier Speisen kreiert wurden, die höchsten Ansprüchen genügen.

Unbestritten aber ist die Tatsache, dass Neapel ein Sehnsuchtsziel ersten Ranges ist – und das nicht nur für den modernen Menschen, sondern bereits seit Jahrhunderten, wenn nicht seit Jahrtausenden. Die exorbitant schöne Lage am Golf von Neapel und am Fuße des Vesuvs übt seit Menschengedenken magische Anziehungskraft aus und bot vor allem Malern und Literaten viel pittoreske Inspiration. Der Golf von Neapel ist – weil ein „Supervulkan" mit 30 km Durchmesser – zwar ein ziemlich gefährlicher Boden, zugleich aber auch sehr fruchtbares Land, weshalb die Gegend aller tektonischen und eruptiven Gefahren zum Trotz seit Jahrtausenden besiedelt ist. Und während die Gourmets dieser Welt Ziele im Piemont, Friaul oder in der Toskana anpeilen, kommen Historiker, Archäologen und Altphilologen gerne nach Neapel, denn das Nationalmuseum (das zu den bedeutendsten Museen für griechisch-römische Antike gezählt werden darf) und die weitläufigen Ausgrabungsstätten (Pompeji, Herculaneum etc.) sind zu Recht weltberühmt und daher ein Muss für Geschichtsinteressierte.

Warum kommen aber nur die wenigsten Reisenden der Kulinarik wegen nach Neapel? Dieser Frage wollte ich auf den Grund gehen. Zugegeben, ich habe in Neapel zwar einige liebe Freunde und kenne dort zudem viele versierte Kochkollegen, doch habe ich kaum die – sagen wir es einmal pathetisch – „familiäre" Anbindung wie beispielsweise im Friaul, in Triest oder Venedig. Dennoch ermöglichten es mir meine Kochfreunde und deren Familien, dass ich mir sowohl über die aktuelle wie auch die historische Küche Neapels ein sehr gutes Bild machen konnte. Ich durfte in Palazzi angesehener Bürger genauso tafeln wie bei einfachen Fischern (wobei die Berufsbezeichnung Fischer angesichts der herrschenden Überfischung des Golfs eher von Romantik geprägt ist und weniger von Realität). Ich dinierte in Lokalen, in denen die „ehrenwerte Gesellschaft" gerne zu verkehren pflegt, oder habe in einfachen, aber typischen Pizzerien gegessen, in denen die Neapolitaner mit ihren Familien – und die können sehr groß sein – genauso gerne speisen wie ich mit meinem Freund und Kochkollegen Mimmo. Ich habe gekochte Kutteln mit Zitronensaft auf dem Markt genossen und herrlichsten – natürlich frisch gepressten – Zitronen- oder Orangensaft geschlürft. Ich war in Pizzerien und in Trattorien aller Art und habe auch die Spezialitäten rund um den Golf (Sorrento, Amalfi, Capri und Ischia) verkostet. Schließlich bin ich zu dem Schluss gekommen, dass die Küche Neapels eine ganz feine sein kann – man muss nur genau wissen, wo man isst. Und das ist der erste riesige Unterschied zum Piemont, zur Toskana, zu Südtirol oder dem Friaul, wo man fast überall gut speisen kann. Ein weiterer Unterschied ist in der Tatsache zu finden, dass sich in Neapel vieles daheim oder zumindest „hinter verschlossenen Türen" abspielt, was nicht heißen soll, dass die Neapolitaner nicht gastfreundlich sind – das Gegenteil ist der Fall. Aber die Neapolitaner geizen mit ihren kulinarischen Reizen, aus welchem Grund auch immer. Vielleicht handelt es sich um ein ähnliches kulinarisches Phänomen wie in Venedig, das ja in der Feinschmeckerwelt auch nicht den besten Ruf genießt, obwohl man in der Serenissima fantastisch essen kann. Ehrlich gesagt, ich habe den Grund für diese Zurückhaltung nicht herausfinden können. Und ich möchte auch nicht immer dem Tourismus die Schuld geben, denn dieser macht höchstens 20 bis 25 Prozent der Gäste eines Lokals aus. Es muss noch andere Ursachen geben, warum so viele Lokale in Neapel eher „einfach gestrickt" sind und kaum über den Pizzatellerrand hinausragen. Fast könnte man meinen, die Lokale hätten sich abgesprochen und bieten – zumindest im Zentrum Neapels und aus welchem Grund auch immer – alle das Gleiche an, und zwar auf dem Teller und beim Fernsehprogramm. Ich habe nämlich den Eindruck gewonnen, dass der Fernsehapparat das wichtigste Utensil eines jeden neapolitanischen Lokals ist. Egal ob einfache Pizzeria oder teurer Schuppen – er darf nicht fehlen.

Für die Gestaltung des vorliegenden Buches war eine weitere Besonderheit der neapolitanischen Küche wesentlich: Eine Mahlzeit besteht dort in ihrer einfachen Form aus einem Imbiss oder Tellergericht und auch in der Restaurantvariante nur aus Primo, Secondo und Obst oder Dessert. Hinzu kommt, dass es in Neapel absolut keine Antipasti-Kultur gibt, Vorspeisen aller Art werden geradezu verachtet. Aus diesem Grund habe ich diesmal eine andere, den speziellen Gegebenheiten der Küche Neapels thematisch entsprechendere Kapitelaufteilung vorgesehen als in den Bänden über Venedig, Triest und das Friaul.

Trotz aller auf den ersten Blick unter Umständen befremdlich anmutenden Besonderheiten der Stadt Neapel und ihrer Küchentradition habe ich beide lieben gelernt. Es hat Zeit gebraucht, aber mit zunehmendem Verständnis für die Stadt und ihre Einwohner ist diese Liebe gewachsen. Neapel ist auf seine ganz eigene Weise charmant und kulinarisch weitaus attraktiver, als weithin bekannt. Wenn man versteht, wie die Stadt „tickt", dann versteht man auch, warum Pizza, Pasta und Schmalzgebackenes hier offensichtlich zu den Leibspeisen gehören. Besonders interessant war dabei für mich die Entwicklung der proletarischen Ernährung, die eine Evolution vom bäuerlichen Rollgerstenbrei über die kommunistisch propagierte Pasta bis hin zur kollektiven Pizza durchgemacht hat. Sehr spannend fand ich weiters die Tatsache, dass in Neapel noch immer viele Rezepte präsent sind, deren Ursprünge in der griechisch-römischen Küchengeschichte zu finden sind.

Um Neapel, seine Küche, seine Spezialitäten und seine Liebe zu Pizza und Pasta besser verstehen zu können, lohnt sich also – wie so oft – ein Blick in die bewegte Geschichte der Stadt: Laut den neuesten Forschungen war der Golf von Neapel seit mindestens 3000 v. Chr. besiedelt. Der antike griechische Held Äneas fand auf seiner Flucht aus Troja (ca. 12. Jh. vor unserer Zeitrechnung) also auf jeden Fall besiedeltes Land vor.
Um 750 v. Chr. gab es am Fuße des Vesuvs eine griechische Kolonie namens Kyme (Cumae). Als Kyme wuchs und zu eng wurde, gründete man unweit von ihr die Siedlung Parthenope auf dem heute im Zentrum Neapels gelegenen Hügel Pizzofalcone. Aus dieser Niederlassung wiederum entwickelte sich um 500 v. Chr., vermutlich durch Erweiterung der „Alten Stadt" (griech. Paläopolis), am Fuße des Hügels die „Neue Stadt" (griech. Neapolis) Neapel (italienisch: Napoli; neapolitanisch: Napule). Wenn man also so will, ist Neapel eine griechische Enklave. Und weil es dort so schön war, wuchs die Stadt ständig und war bis 82 v. Chr. eine der bedeutendsten Städte der

sogenannten Magna Graecia, womit der hauptsächlich von Griechen besiedelte Teil Süditaliens und Siziliens bezeichnet wird. In der Folge der römischen Bürgerkriege (88–82 v. Chr.), in denen Neapel auf der „falschen" Seite kämpfte, wurde die Stadt unter der Herrschaft des römischen Feldherrn und Diktators Lucius Cornelius Sulla zu einer von Rom abhängigen Provinzstadt. In der römischen Kaiserzeit spielte Neapel keine bedeutende Rolle, allerdings genoss der römische Adel das angenehme Klima am Golf, und ehrgeizige Bauvorhaben (etwa Pompeji, Herculaneum, Capri, Misenum) zeugen davon, dass sich der Geldadel dort sehr wohlfühlte (und immer noch wohlfühlt – man denke an Capri). In dieser Zeit begann aber auch eine Umschichtung der Bevölkerung, denn immer mehr Italiker (eingewanderte indogermanische Stämme) siedelten sich an, während die freiheitsliebenden Griechen vorübergehend davonzogen; mit ihnen verschwand auch die griechische Sprache aus der Stadt. Nach einer knapp 100 Jahre währenden Unterdrückung durch die Ostgoten (476–535 n. Chr.) wurde Neapel vom oströmischen Kaiser Justinian im Zuge der Renovatio imperii (dem Versuch, das römische Imperium wiederherzustellen) zurückerobert, womit auch das Griechische wieder eingeführt wurde. Die oströmische Herrschaft hielt bis ins 11. Jahrhundert an. Letzteres war für Neapel das Jahrhundert unermesslichen Reichtums und Wohlstandes, denn man beherrschte lange vor den Venezianern und Genuesen den Seehandel im Mittelmeer.

Im Jahre 1137 eroberten die Normannen Neapel und vollbrachten das Kunststück, aus den unterschiedlichen griechischen, oströmisch-byzantinischen, arabischen und westlichen Einflüssen der Region durch geschickte Innenpolitik ein einzigartiges kulturelles Konglomerat zu bilden. 1197 eroberten die Staufer Süditalien. Sie gründeten 1224 unter Friedrich II. die erste Universität Europas – sie existiert noch heute und trägt den Namen des Regenten. Nach Friedrichs Tod (1250) eroberten die Anjou (mit Legitimierung des Papstes) das Gebiet. Ihre bis 1442 andauernde Herrschaft brachte innenpolitisch brutale Unterdrückung, dennoch blühte die Stadt wirtschaftlich und kulturell auf, auch städtebaulich wurde sie modernisiert und stand in dieser Epoche, was Wirtschaft, Wissenschaft, Kunst und Architektur betraf, ebenbürtig neben Florenz. 1442 besiegte Alfons V. von Aragon den letzten Herrscher aus dem Hause Anjou. Unter den Aragonesen wur-

den die ökonomischen Verbindungen Neapels zur iberischen Halbinsel intensiviert. Zu Beginn des 16. Jahrhunderts schließlich, nach einem kurzen Intermezzo französischer Herrschaft, wurden Stadt und Königreich Neapel als Provinz dem spanisch-habsburgischen Weltreich angegliedert. Damit begann die Ära der spanischen Vizekönige von Neapel, unter denen die Stadt einen wirtschaftlichen und politischen den Tiefpunkt erreichte, was verheerende Auswirkungen auf die Ernährungssituation weiter Teile der Bevölkerung haben sollte.

Zwischen 1500 und 1550, innerhalb von nur 100 Jahren, wuchs die Bevölkerung der Stadt von rund 40.000 auf etwa 210.000 an und Neapel wurde damit zur größten Stadt Italiens und (nach Paris) zur zweitgrößten Metropole Europas. Vizekönig Pedro Álvarez de Toledo gelang es bis zur Mitte des 16. Jahrhunderts, diesem demografischen Problem noch einigermaßen beizukommen, indem er die vorhandene Bausubstanz aufstocken, ein neues Stadtviertel (*quartiere spagnolo*, spanisches Viertel) und die ersten echten Hochhäuser errichten ließ.

In der Zeit der Vizekönige verschärften sich die Klassengegensätze in der Stadt auf dramatische Weise. Während es sich der Adel und die spanischen Beamten in Neapel gut einrichten konnten, verelendete die einfache Bevölkerung zunehmend. Und schließlich waren nirgendwo im westlichen Europa die sozialen Unterschiede größer ausgeprägt als in Neapel, was schließlich auch zu massiven Unruhen führte.

Zu einer deutlichen Verbesserung der Verhältnisse kam es erst 1712 unter der Herrschaft der Bourbonen, als diese infolge des Spanischen Erbfolgekrieges den Thron übernahmen. Unter Karl VII., einem Vertreter der Aufklärung, wurde eine wirksame Reformpolitik eingeleitet. Dekadente Adelige, machtgierige kirchliche Würdenträger und korrupte Beamte wurden entfernt, bauliche Veränderungen im Stadtbild vollzogen und das kulturelle Leben gefördert.

Nach einem kurzen Intermezzo Napoleons fanden die Neapolitaner ab Mitte des 19. Jahrhunderts mehr und mehr Gefallen am Risorgimento, der ein unabhängiges Italien schaffen sollte. Am 21. Oktober 1860 stimmten sie in einem Plebiszit mit überwältigender Mehrheit für den Anschluss an das Königreich Italien.

Trotz dieses Zuspruchs identifizierten sich die Neapolitaner nicht wirklich mit dem neuen italienischen Staat, denn Staatsgewalt galt für sie als Synonym für Unterdrückung und Fremdherrschaft. Bereits damals war der Süden dem Norden Italiens wirtschaftlich deutlich unterlegen, da die neue Zentralregierung den Norden bevorzugte und die südlichen Gebiete vernachlässigte. Das Land war also innerlich keineswegs geeint und die Rückständigkeit des Südens wurde in gewisser Weise einfach als gegeben hingenommen. Im ausgehenden 19. Jahrhundert blühte der Norden Italiens auf und fand bald Anschluss an die führenden europäischen Industrienationen, während der Süden weiterhin in Armut und Hoffnungslosigkeit versank. Hier liegt die wesentliche Ursache für die Entstehung des bis heute existenten Nord-Süd-Gefälles in Italien. Neapel entwickelte sich zu einer von Armut, Kriminalität, Schattenwirtschaft und mafiösen Strukturen geprägten Großstadt. Zudem wurde die Stadt im Jahre 1884 infolge der katastrophalen hygienischen Verhältnisse Opfer einer verheerenden Choleraepidemie. So kam es zur ersten großen Auswanderungswelle nach Norditalien, Argentinien und vor allem in die USA.

Nach der Zeit des Faschismus und des Zweiten Weltkrieges kam es mit dem Einzug der alliierten amerikanischen Truppen zu einer kurzen Welle der wirtschaftlichen Blüte – die GIs und ihre Bedürfnisse bedeuteten einen regelrechten Dollar-Regen für Neapel. Doch dieser Geldsegen war auch der ideale Nährboden für die Schattenwirtschaft. Die Camorra erstarkte, während die Bevölkerung weitgehend arm blieb. Auch unter der jungen italienischen Republik änderte sich daher für die Neapolitaner nichts Wesentliches, was schließlich zwischen 1950 und 1970 zur zweiten großen Auswanderungswelle führte.

Die Regierung in Rom leitete zwar Milliarden an Subventionen in die Region, doch die Fördergelder versickerten in dunklen Kanälen und kamen der Bevölkerung nicht zugute. Und so erlebte Neapel zwischen 1945 und 1980 eine für das Nachkriegseuropa beispiellose Verquickung von Wirtschaft, Politik und Camorra. Die Stadt wurde zum Synonym für Korruption, Spekulation, Bereicherung und das Wirken krimineller Vereinigungen. Ein Name wurde in den 1950er Jahren zum Symbol für all das: Bürgermeister Achille Lauro. Seine Nachfolger waren kaum besser – egal ob Sozialist, Christdemokrat, Kommunist oder sonst einer politischen Couleur angehörig, sie alle waren korrupt, bestechlich oder familiär verstrickt. Erst 1992 verbesserte sich die Lage und sowohl Korruption wie auch die Camorra wurden ernsthaft bekämpft – es ist der Stadt und der Region zu wünschen, dass dieser Erfolg nicht nur einer auf Zeit ist.

Mit diesem Blick in die Geschichte Neapels wird vieles – vor allem in kulinarischer Hinsicht – deutlicher: Die Kluft zwischen der armen, aber bevölkerungsreichen Unterschicht und der kleinen Oberschicht war in Neapel größer als irgendwo sonst in Italien (und sie ist es noch heute). Diese Klassenunterschiede müssen sich zwangsläufig in den Ernährungsgewohnheiten ihrer Bewohner niederschlagen. Dem aufmerksamen Beobachter wird dies – allein schon bei einem Spaziergang durch die Stadt – sehr bald auffallen, denn noch heute sind diese extremen Gegensätze spürbar und vor allem „genießbar“: Während sich das betuchte Bürgertum in einem der vielen exklusiven Fischlokale in der Stadt, auf Ischia, Capri oder in Amalfi labt, so scheint sich das restliche Neapel hauptsächlich von Pizza und Pasta zu ernähren.

Nicht nur die sozialen und wirtschaftlichen Verhältnisse, sondern auch einige andere Faktoren sind für die kulinarische Ausprägung Neapels von entscheidender Bedeutung. So z. B. die den Neapolitanern angeborene Hektik – die Stadt ist ständig in Bewegung, sie ist laut und ruhelos. Auch wenn es nichts zu tun gibt, ist der Neapolitaner im Stress. Daher möchte er sich auch nicht lange mit dem Kochen aufhalten – das Essen hat möglichst schnell auf dem Tisch zu stehen. Deshalb ist Streetfood, Fastfood und Ähnliches ein Stützpfeiler der neapolitanischen Ernährung, und fast an jeder Straßenecke wird man einen Stand oder ein Geschäft finden, wo man eine schnelle Mahlzeit „aus der Hand“ essen kann. Egal ob Pizza, Pasta, Krapfen, Kroketten, Panini, gegrillte Maiskolben oder sonst etwas – gegessen wird zumeist im Vorübergehen.

Einen Fehler darf man keinesfalls begehen: die neapolitanische Küche mit der von Kalabrien zu vergleichen. Auch wenn Neapel die Hauptstadt Kalabriens ist, so ernährt es sich dennoch vollkommen anders. Im kalabrischen Hinterland liebt man deftige Fleischgerichte (vor allem fettes Schweinefleisch), rustikales Gemüse, hausgemachte Pasta und nicht zuletzt nahrhaften Käse, während in Neapel vor allem Kohlehydrate (Pizza, Pasta, Brot, Hülsenfrüchte, Cerealien etc.), Schmalzgebackenes (Krapfen aller Art, aber auch frittierte Fische u. Ä.) und Seafood (oft Meeresfrüchte wie Muscheln, Kalmare und Garnelen, etwas seltener Fisch, weil Letzterer mittlerweile fast ausschließlich Importware ist) auf den Tisch kommen. Fleisch wird – weil teuer – in Neapel verhältnismäßig wenig gegessen, allerdings liebt man Innereien wie Kutteln, Kuheuter und Ochsenmaul. Und die Neapolitaner schwärmen für Süßspeisen, vor allem für ihre Sfogliatelle, ein mit einer wunderbaren Ricotta-Creme gefülltes Blätterteiggebäck.

Am bemerkenswertesten finde ich, dass trotz der vielen Jahrhunderte Weltgeschichte, die inzwischen vorübergezogen sind, eines bis heute in

Neapels Küchenrezepten ganz deutlich zu erkennen ist: die griechische Vergangenheit. Daher habe ich – sozusagen als kulinarhistorische Einleitung – im ersten Kapitel einige antike Rezepte angeführt, die in der Folge verdeutlichen sollen, dass die antike griechische Küche bis heute lebendig ist.

Genau genommen ist die gesamte mittel- und süditalienische Küche stark von Griechenland beeinflusst, nicht nur weil sich in der Region schon früh Griechen angesiedelt hatten, sondern auch deshalb, weil die antiken Römer einst ganze Heerscharen von Köchen aus Griechenland holten, um diese in ihren Haushalten werken zu lassen. Die griechischen Köche genossen gerade in der Antike einen hervorragenden Ruf. Und obwohl im Laufe der Zeit Araber, Franzosen, Spanier, Schwaben und Österreicher über Neapel herrschten und hier ihre kulinarischen Fingerabdrücke hinterließen, sind die griechischen Einflüsse (neben den italienischen) noch immer am deutlichsten erkennbar.

Betrachtet man die Küche Neapels also sowohl mit einem sozialwirtschaftlichen als auch mit einem historischen Auge, wird die offensichtlich einfache Küche sehr viel verständlicher. Und im Wissen um die Herkunft der Speisen isst man diese mit Verstand. Denn auch die einfachste *cucina povera* kann zum kulinarischen Erlebnis werden – vorausgesetzt, man genießt sie mit Respekt. Und Respekt hat die fast 3000 Jahre alte Küchengeschichte Neapels sicherlich verdient – *buon appetito!*

Wien, im November 2011

GERD WOLFGANG SIEVERS

FINI
ANTICHI SAPORI
dal 1949
Rosario
ANTICHI SAPORI
dal 1949

LA CUCINA IN EPOCA GRECO-ROMANA

DIE KÜCHE IM GRIECHISCH-RÖMISCHEN ZEITALTER

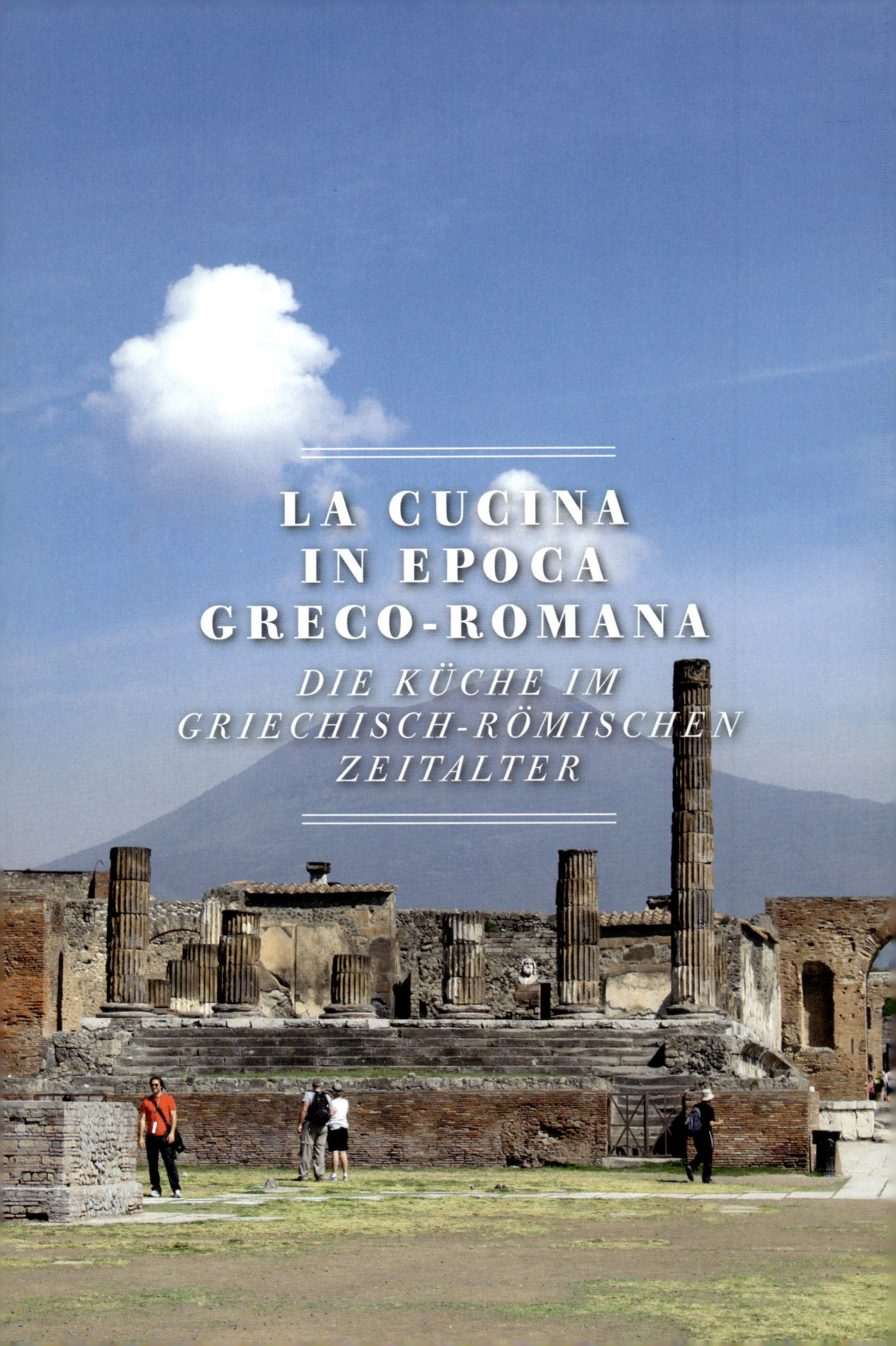

Die Küche Neapels basiert, wie bereits eingangs erwähnt, sehr stark auf ihrer griechisch-römischen Vergangenheit. Nun könnte man es sich leicht machen und das berühmteste antike Kochbuch, nämlich *De re coquinaria* des Apicius, zurate ziehen, um die Küchenhistorie der Stadt besser verstehen zu können. Nur – damit wird man Schiffbruch erleiden: Erstens handelt es sich bei dem Kochbuch des Apicius nicht um eine Originalausgabe, sondern um ein im 4. Jahrhundert zusammengestelltes Werk aus verschiedenen Textfragmenten, die Apicius (er lebte im 1. Jahrhundert n. Chr.) zugesprochen wurden/werden, und zweitens ist die Küchengeschichte Neapels um nahezu ein Jahrtausend älter, was darauf schließen lässt, dass die griechischen Ursprünge zur Zeit des Apicius zugeschriebenen Werkes schon dem römischen Geschmack angepasst waren.

Allerdings liefern uns gerade die alten Römer viele Hinweise auf die Küche der Region, denn auf zahlreichen Fresken und Mosaiken (vor allem in Pompeji und Herculaneum) sind Abbildungen von Nahrungsmitteln, Lebensmittel-Handel, Gedecken und sogar Speisen zu erkennen. Und auch der legendäre Lucius Licinius Lucullus – dessen Name heute wie kein zweiter gleichbedeutend mit Genuss gesehen wird – hatte in Neapel eine schöne Villa, die zwischen dem Berg Echia (heute Pizzofalcone) und der Insel Megaride (auf der heute das Castel dell'Ovo steht, um das viele gute Lokale angesiedelt sind) gelegen und damals noch vom Meer umgeben war. Wenn man in einer der oberen Etagen des Grand Hotel Santa Lucia weilt, bekommt man einen guten Eindruck davon, wie imposant der Ausblick gewesen sein muss, den Lucullus seinerzeit genießen durfte. Legendär sind auch die von ihm angelegten Fischbecken, in denen sich vor allem Aale und Karpfen tummelten, die für kulinarischen Nachschub bei seinen zahlreichen Orgien sorgten.

Wenn man sich auf Spurensuche antiken kulinarischen Erbes begibt, so fallen in Neapel drei Dinge ganz besonders auf:

1. die Liebe zu Sardinen (die auch als Würzmittel verwendet werden) und zu Oregano,

GEGENÜBER:
Pompeji im März

2. die Tatsache, dass Speisen nur dezent (bis gar nicht) gewürzt werden, was für die antike griechische Küche ganz besonders typisch war,
3. der Hang zur einfachen, unkomplizierten Küche, die gänzlich im Kontrast zur Opulenz jener von beispielsweise Bologna, Florenz oder des Piemont steht.

Punkt 1 ist schnell erklärt: Es war das griechische *garum* (eine fermentierte Fischsauce aus Sardinen, *Rezept ➤ S. 19*), von den Römern *liquamen* genannt, das der antiken Küche auf dem italienischen Festland die erste Würze gab. Denn bevor die Römer im 3. vorchristlichen Jahrhundert auf den Geschmack der griechischen Speisen gekommen waren, galten sie als Gerstengries und Haferbrei essende Barbaren. Es waren Köche aus dem griechischen Osten (nicht nur Kriegsgefangene, auch „Wirtschaftsflüchtlinge" oder einfach eingekauftes „Fachpersonal"), die die römische Oberschicht in die Freuden der griechischen Tafel einführten. Und die ersten Aromen, welche sie auf dem italienischen Festland einführten, waren eben Garum, Honig, Essig, Wein, Kreuzkümmel, Koriander und Oregano – Letzterer ist bekanntlich noch heute das Lieblingsgewürz der Griechen.

Der zweite Punkt ist meiner Meinung nach ganz besonders interessant, denn er zeigt einen großen Unterschied zwischen der Küche Neapels und der des restlichen Italien auf, insbesondere des Nordens: Die antike griechische und die römische Küche unterschieden sich hauptsächlich in der Menge der verwendeten Gewürze (weil das Kochhandwerk ohnehin ein griechisches war und die Hauptgeschmacksrichtungen daher bei beiden sehr ähnlich waren). Die Römer übernahmen also die griechische Küchenkultur, und in den von ihnen dominierten Regionen (zu denen Neapel ja noch nicht gehörte) vergaßen sie oft den Grundsatz „weniger ist mehr" und begannen schwer gewürzte Speisen zu bevorzugen. Viele Römer waren das, was wir heute als „neureich" bezeichnen würden, und sie stellten diesen Reichtum auch beim Essen zur Schau, denn Gewürze waren teuer. Die klassische griechische Küche kam (und kommt heute noch) mit drei bis vier Gewürzen und/oder Kräutern pro Gericht und Speise aus, in einem typisch römischen Rezept finden sich dagegen zehn starke Aromen, wenn man die Rezepte des Apicius betrachtet. Die filigrane, einfache und unprätentiöse griechische Stilistik findet man in Neapel und seinem Umland noch heute, vor allem in den Haushalten, wo (noch) wirklich gekocht wird, und in einigen traditionell-romantisch geprägten Lokalen. Mein Freund Mimmo beispielsweise hat es auf den Punkt gebracht: „Ich persönlich benutze überhaupt keine exotischen Gewürze, auch nicht die in Italien sonst so beliebten Muskatnüsse. Als Würze dienen in Salz eingelegte Sardinen [wir erinnern uns hier an das Garum, A. d. A.], Salzkapern, Olivenöl, Weinessig, Zitronensaft und wenig Meersalz – selbst beim Pfeffer bin ich sparsam und verwende ihn meist nicht, weil er das Aroma des Produktes verfälscht. Kräuter wie Basilikum, Oregano, Salbei und Petersilie verwende ich schon, seltener Rosmarin. Knoblauch nur homöopathisch, wenn er – wie z. B. bei Lamm, Muscheln oder Huhn – passt, Schnittlauch und anderes intensives Kraut gar nicht. Unsere heimischen Peperoncini del vesuvio liebe ich sehr, verwende aber auch sie sehr sparsam." Und tatsächlich: Diese nahezu minimalistische Stilistik erinnert sehr an die antiken griechischen Rezepte, und wenn man sich bewusst durch Neapel isst, wird man immer wieder darauf stoßen. Ebenso wie auf die dritte Charakteristik der Küche Neapels: Sie ist schnell und unkompliziert, was durchaus mit der Küchengeschichte zusammenhängt, aber auch mit einigen sozialpolitischen Aspekten, auf die ich bei einzelnen Rezepten im Kapitel *La cucina povera* zu sprechen kommen werde. Die historischen Gründe dafür hängen mit der Tradition der Garküchen zusammen – wenn man so will, die ersten Imbiss- oder Streetfood-Stände der Menschheit. An derartigen Ständen wurden bereits im alten Griechenland gebackene Teigfladen, kleine Fleischspieße, Oliven und Obst verkauft, eine Tradition, die später auch in Pompeji oder Herculaneum zu finden war (noch heute sind die Ruinen derartiger Schnell-Imbisse zu besichtigen). Und der Kult um das schnelle Essen „aus der Hand" hat in Neapel bis heute eine große Anhängerschaft, weshalb es von dort aus seinen Siegeszug nach Amerika antreten konnte, denn es waren neapolitanische Auswanderer, welche das „schnelle Essen" auf der Straße zuerst in New York, dann in den gesamten USA verbreiteten.

„Der Koch", Museo Archeologico Nazionale, Neapel

Ich führe an dieser Stelle eine kleine Auswahl an antiken Rezepten an, die meines Erachtens wichtige historische Dokumente für die geschmackliche Ausrichtung der Stadt Neapel und tatsächlich bis heute – wenn auch in modifizierter Form – in vielen neapolitanischen Rezepten erkennbar sind.

GARUM / LIQUAMEN / COLATURA DI ALICI

Im antiken Griechenland bezeichnete man eine speziell fermentierte Fischsauce als *garum*. Dieser Name hielt sich bis ins 1. Jahrhundert n. Chr. auch bei den Römern, dann wurde er durch das römische Wort *liquamen* ersetzt. Diese Fischsauce war bei den Römern noch beliebter als bei den Griechen, und sogar die Entbehrungen gewohnten Legionäre pochten darauf, eine ordentliche Ration davon mit auf die Feldzüge nehmen zu können, um ihre einfache Kost geschmacklich aufzubessern. Garum war in der Antike so beliebt, dass es sozusagen bereits in industriellem Stil erzeugt und bis in den hohen Norden verkauft wurde. Damit darf man Garum durchaus als Vorläufer unserer heutigen Würzsaucen wie etwa Maggi oder Worcestersauce bezeichnen. Das unweit von Neapel gelegene Pompeji war eines der größten Handelszentren für Garum (die Produktion dieser doch etwas extrem riechenden Tinktur lag aber weit außerhalb der Stadtgrenzen), ein gewisser Aulus Umbricius Scaurus, Unternehmer aus Pompeji, ging als Garum-Produzent in großem Stil in die Geschichte ein. Sein Name – bzw. der seiner Familienangehörigen – steht auf nahezu einem Drittel aller in Pompeji und Herculaneum gefundenen Fischsaucenbehälter und in einem Wohngebäude in der Nähe der Porta Marina wurden Mosaiken mit Fischsaucenbehältern entdeckt, die ebenfalls seinen Namen tragen.

Mosaik, Museo Archeologico Nazionale, Neapel

Garum wurde bei den Griechen als Oberbegriff für verschiedene Varianten von Fischsaucen und Fischpasten in unterschiedlichen Qualitätsstufen und Preisklassen gebraucht. Als exquisiter Luxusartikel etwa galt Garum, das aus gesalzenem Thunfisch aus Byzanz hergestellt wurde, demgegenüber stand beispielsweise das billige Hallex, das aus jedweder Art Fisch oder sogar aus Fischabfällen gewonnen werden durfte. In der Antike war Garum ein gängiges Gewürz, sowohl in der Alltags- wie auch in der gehobenen Küche.

Garum gab es schon damals in verschiedenen Geschmacksrichtungen: gemischt mit Wein *(oenogarum)*, Essig *(oxygarum)*, Pfeffer, Speiseöl *(oleogarum)* oder Wasser *(hydrogarum)*. Weitere Bezeichnungen nennen Reifegrad (*flos* – „die Blüte", selten *vetus* – „gereift, alt"), Qualität *(optimum, primum, secundum)* oder den Fisch, aus dem die Sauce hergestellt wurde (*scombri*, Makrele). Auch die ersten Markenprodukte konnten sich rund um das Garum etablieren, so war z. B. das *garum sociorum* ein sehr beliebtes und bekanntes Produkt, das nur von einer Erzeugerfirma vertrieben wurde – wie unsere heutigen Markenartikel.

Das Garum der einfachen Bevölkerung wurde aus eingesalzenen und fermentierten Sardinen, Sardellen und Makrelen gewonnen, bessere Qualitäten für die „feinen Leute" aus Thunfisch; für die ganz Armen gab es dann noch das sogenannte *alec*, eine Paste aus den Resten der Garum-Produktion, die unserer heutigen Sardellenpaste recht ähnlich gewesen sein dürfte.

Die Liebe der Neapolitaner zum Garum (bzw. dem Geschmack eingesalzener und vergorener Fische) ist bis heute ungebrochen: Während die einfache Bevölkerung ihre Speisen bevorzugt mit preiswerten Salz-Sardinen aus der Dose würzt, nehmen die „vornehmen" Neapolitaner lieber die sogenannte Colatura di alici, eine dem Garum sehr ähnliche Tinktur, die noch heute in Cetara, an der Amalfiküste zwischen Neapel und Salerno gelegen, erzeugt wird (erhältlich auch über das Internet unter www.delfinobattistasrl.it). Diese Tinktur wird bis heute nach antikem Vorbild gebraut, ist extrem aromatisch und von absolut erlesener

GEGENÜBER: *Impressionen aus Pompeji*

Qualität, außerhalb des Mezzogiorno (damit meint man das wirtschaftlich etwas unterentwickelte Gebiet des italienischen Südens) aber selten gebräuchlich. Sollte man diese intensive Tinktur benutzen, so ist Vorsicht geboten: Bitte nur sehr sparsam verwenden – einige Tropfen (z. B. auf einer Portion Spaghetti) reichen vollkommen aus!

HINWEIS
Alternativ kann man auch zu der in Asia-Läden erhältlichen Fischsauce greifen (nur Top-Qualität erwerben), denn diese wird ähnlich erzeugt wie das antike Garum.

PFANNKUCHEN

τηγανίτης

Manchmal ist es schon erstaunlich, wie wenig sich Rezepte über die Jahrtausende hinweg verändern. Die ersten Aufzeichnungen zu diesem Gericht findet man in den Schriften des griechischen Arztes und Anatomen Galen (2. Jahrhundert n. Chr.): „Teganitai [...] sind einfach in Öl gebacken. [...] Sobald (das Öl) heiß ist, schüttet man einen Teig aus Weizenmehl mit viel Wasser hinein. Wenn er im Öl brät, setzt er sich schnell und dickt ein wie frischer Käse in einem Korb. Jetzt wendet der Koch den Inhalt der Pfanne, sodass die zuerst sichtbare Seite nun unten am Pfannenboden liegt und die durchgebratene, die zuerst unten war, nach oben kommt. [...] Manche mischen Honig in den Teig, andere wiederum Meersalz." Augenscheinlich stammt auch das heute gebräuchliche italienische Wort *tegame* (Pfanne, Geschirr) hiervon ab, denn das altgriechische Wort für Pfanne ist τήγανον *(teganon)*.
Wir werden bei der Reise durch die Küchen Neapels sehen, dass viele der heutigen Speisen auf sehr ähnliche Art zubereitet werden wie diese Vorläufer unserer Pfannkuchen.

ZUTATEN FÜR 4 PFANNKUCHEN
125 g Weizenmehl (italienisches tipo 00 bzw. Type 480 oder 405), 225 ml Wasser, 30–50 g Honig (oder auch nur Meersalz), 20–25 g gerösteter Sesam, Öl zum Braten

ZUBEREITUNG
Aus Mehl, Wasser und 1–2 EL Honig (oder 1 TL Meersalz) einen dünnen Teig rühren, diesen etwas ruhen lassen. In einer Pfanne 2–3 EL Öl erhitzen, ein Viertel der Teigmischung in das Fett gießen und anbacken lassen. Pfannkuchen wenden und auch die zweite Seite bräunen, dann nochmals und evtl. noch ein weiteres Mal wenden. Den fertigen Pfannkuchen warm halten und die anderen drei Pfannkuchen auf die gleiche Weise zubereiten.

Die Pfannkuchen dünn mit Honig bestreichen und mit Sesam bestreut servieren oder – für die salzige Variante – die Pfannkuchen dünn mit Butter (oder Öl) bestreichen und danach mit Sesam bestreuen.

HINWEIS
Diese Pfannkuchen sind etwas dicker als die uns vertrauten, deshalb müssen sie öfter als einmal gewendet werden. In der Antike war dies ein gängiges Frühstück und wurde (um nahrhafter zu sein) mit sehr viel mehr Fett zubereitet, als ich hier angegeben habe.

GERSTENBREI

Erste Erwähnungen für Rezepte mit Gerstenbrei finden wir unter der Bezeichnung *kykeon* bereits in der Ilias des Homer: „Darauf setzte sie einen Bronzeteller mit Zwiebel als Kost zum Trunk und gelben Honig dazu. Danach kam das heilige Gerstenmehl. Und in dem Becher bereitete die herrliche Frau Kykeon für sie mit pramnischem Wein. Mit einem bronzenen Gerät rieb sie Ziegenkäse hinein und streute Gerstenmehl darüber." Hieraus ist leicht ersichtlich, welch herausragende Bedeutung die „heilige Gerste" bereits in der Antike hatte. Und tatsächlich haben sich weite Teile Italiens – vor allem im ärmeren Mezzogiorno – über Jahrhunderte von Gerste ernährt, denn die Ur-Polenta wurde nicht aus Maisgrieß, sondern aus Gerstengrieß gefertigt. Interessant ist, dass Marcus Portius Cato d. Ä. in seinem Handbuch der Landwirtschaft einen ebensolchen Grießbrei beschreibt, der mit Emmer-Grieß *(➛ Glossar)*, Wein, Honig und mildem Ziegenkäse zubereitet wird – dies ergibt einen recht wohlschmeckenden Brei, der (und das ist das eigentlich Erstaunliche) große Ähnlichkeit mit unserem heutigen Grießbrei hat. Wir reden hier also von einem Rezept, dass in all den Jahrtausenden nur wenig verändert wurde.
Wahrscheinlich war der ursprüngliche Brei eher dünnflüssig und wurde getrunken – noch heute wird Emmer in Norditalien für Suppenrezepte verwendet. Mit Gerstengrieß wird das Gericht breiartiger und erinnert mehr an die bekannte Polenta.

ZUTATEN FÜR 4 PORTIONEN
125 g Gerstengrieß, 375–400 g Ricotta (oder milder Ziegenfrischkäse), 60–75 g Honig, 100 ml Süßwein, 2–3 Eigelb

ZUBEREITUNG
Den Grieß in einer Schüssel knapp mit Wasser bedecken, 15 Minuten quellen lassen. Dann das überschüssige Wasser abgießen und Ricotta, Honig, Süßwein und die verquirlten Eigelbe darunterheben. Alles vorsichtig erhitzen, ein paar Minuten köcheln lassen und sofort servieren.

TORONISCHER FISCH

Archestrate oder Archestratos war Dichter, Gastronom und vermutlich auch Koch. Er lebte im Griechenland des 4. Jahrhunderts vor Christus und sein Buch ist das erste Zeugnis der griechischen Küche aus der ersten Hälfte des 6. Jahrhunderts v. Chr. Es präsentiert sich als eine gastronomische Mittelmeerreise (leider hat nur ein Drittel des Gesamtwerkes die Jahrtausende überlebt) und beschreibt die Kochkunst am Ende der Antike (es wurde übrigens vom Kalabresen Quintus Ennius vom Griechischen ins Lateinische übersetzt).
Interessant für die Küche Neapels ist vor allem folgender Passus aus seinem Buch: „In Torone [damit ist das heutige Toroni gemeint, ein kleines Dorf an der Toroneos-Bucht an der Halbinsel Sithonia auf Chalkidiki in Griechenland; A. d. A.] musst du Haifisch essen. Würze sie mit Kreuzkümmel und etwas Salz und mit sonst nichts, mein Freund, höchstens noch mit grünem Olivenöl. Wenn sie fertig sind, serviere die Steaks mit gehacktem Salat garniert. Spritze bei der Zubereitung kein Wasser über die Steaks, auch keinen Weinessig, sondern gib nur Olivenöl, trockenen Kreuzkümmel und aromatische Kräuter hinzu. Bereite das Ganze auf heißer Asche, nicht auf lebhafter Flamme, und wende die Steaks häufig, damit sie nicht anbrennen."
Diese Zubereitungsart ist bis heute die gängigste, die man in Neapel für gegrillten Fisch anwendet – der Unterschied liegt nur darin, dass die Neapolitaner auch auf den Kreuzkümmel verzichten. Haifischsteaks sind mittlerweile im mediterranen Raum selten geworden, doch mit Schwert- oder Thunfisch lässt sich das Rezept ebenfalls gut zubereiten.

ZUTATEN FÜR 4 PORTIONEN

4 Schwertfisch- oder Thunfisch-Steaks (man kann natürlich auch Hai nehmen, wenn man welchen bekommt) von je ca. 150–200 g, 2–3 TL im Mörser zerstoßene Kreuzkümmelsamen, 3–4 TL fein gehackte Kräuter (bevorzugt wurde Oregano, man kann aber auch Petersilie, Koriandergrün oder Minze nehmen), Olivenöl extra vergine, Meersalz

ZUBEREITUNG

Kreuzkümmel mit Oregano (oder einem anderen Kraut) und etwas Meersalz vermischen. Die Fischsteaks ganz leicht salzen, mit Olivenöl einstreichen und über nicht allzu heißer Asche auf jeder Seite – je nach Dicke – 6 bis 8 Minuten garen (die Steaks sollten hell-goldbraun sein); nach dem ersten Wenden die bereits gegrillte Seite zart mit der Kreuzkümmelmischung bestreuen, wenn auch die zweite Seite gar ist, nochmals wenden und auch diese zart würzen, abermals wenden.
Die fertigen Steaks auf einem mit Salatblättern ausgekleideten Teller anrichten und großzügig mit allerbestem Olivenöl beträufeln. Die restliche Gewürzmischung extra dazu reichen.

GEBÄCK AUS DELOS

Beim griechischen Rhetoriker Athenaios (2./3. Jh. n. Chr.) findet man folgenden Text: „Auf der Insel der Hekate opfern die Leute von Delos der Iris, der Göttin der Morgendämmerung, etwas, das sie ‚Basyniai' nennen. Es ist eine gekochte Teigkugel aus Weizenmehl mit Honig und sogenanntem Kokkoa (eine Feige und drei Walnüsse)."
Dieser Rezepthinweis ist deshalb interessant, weil man in Neapel heute noch eine Weihnachtsbäckerei genießt, die sehr ähnlich hergestellt wird – und auch diese wird in Neapel mit getrockneten oder kandierten Früchten garniert aufgetischt.
Unklar ist, ob der Teig in der Rezeptvorlage von Athenaios tatsächlich gekocht oder doch gebraten bzw. in Öl frittiert wurde. Da hilft uns Apicius weiter, denn in der ihm zugeschriebenen Rezeptsammlung wird dieses Gebäck in einer verfeinerten Form dargestellt – die Teigkugeln werden gekocht und frittiert, bevor sie mit Honig übergossen werden.
Tatsächlich dürften auch die Griechen von Delos den Teig eher frittiert denn gekocht haben – nicht nur weil es besser schmeckt, sondern auch deshalb, weil andere Mehlspeisen ja ebenfalls in Öl ausgebacken wurden (siehe z. B. Pfannkuchen).
Ich habe beides ausprobiert und bin zu dem Schluss gekommen, dass Apicius' Methode, den Teig erst zu kochen und anschließend zu frittieren, das beste Ergebnis liefert.

ZUTATEN FÜR CA. 20 STÜCK
180–200 ml Wasser, 75 g Weizenmehl (wenn man nahe am Original sein will, nimmt man Durum-Hartweizenmehl ➤ Glossar), Olivenöl zum Frittieren, Honig zum Übergießen, Feigen und Walnüsse

ZUBEREITUNG
Das Wasser zum Kochen bringen, das Mehl (ich siebe es vorher) einarbeiten und mit einem Löffel kräftig schlagen (ähnlich wie bei einem Brandteig). Ein paar Minuten unter Rühren kochen lassen, dann alles auf eine Arbeitsplatte (vorzugsweise aus Marmor oder Porzellan) schütten, ausstreichen und vollkommen auskühlen lassen. Den nunmehr zäh-festen Teig in kleine Würfel schneiden.
Öl in einer hohen Pfanne erhitzen, die Teigwürfel portionsweise darin goldbraun frittieren, abtropfen lassen und im noch warmen Zustand mit Honig übergießen. Mit Feigen und Walnüssen garniert auftischen.

HINWEIS
Apicius verlangt, dass das Gebäck zusätzlich mit Pfeffer gewürzt wird, was durchaus seinen geschmacklichen Reiz hat. Auch Mohn führt zu einem guten Ergebnis.

ERIA AZZURRA
CE SPADA
12.00
KG.
VERA PAZZIA
HERIA AZZURRA
€ 10.00
KG

LA CUCINA POVERA

DIE KÜCHE DER ARMEN LEUTE

Mit diesem Kapitel befinden wir uns eigentlich schon im zentralen Universum der charakteristischen neapolitanischen Küche, denn diese ist keinesfalls königlich oder fürstlich, sondern schlicht und einfach eine proletarische Volksküche – und dafür schämt man sich in Neapel keineswegs, man ist stolz darauf! Leider bieten nicht mehr viele Lokale die traditionellen Gerichte an, sondern passen sich durchwegs dem modernen Geschmack und den neuzeitlichen Erfordernissen an. Allerdings – und das rettet die Ehre Neapels wieder – gibt es auch sogenannte „vornehme" Restaurants, die sich nicht scheuen, die traditionelle *cucina povera* (Arme-Leute-Küche) aufzutischen – ganz im Gegenteil: Sie tun dies mit Liebe und einer gehörigen Portion Sinn für romantische Tradition.
Zwei Relikte aus der glorreichen Zeit der *cucina povera* haben die Jahrhunderte so gut wie unbeschadet und unverändert überdauert: Pizza und Frittiertes. Wem an dieser Stelle die Pasta abgeht, dem sei gesagt, dass auch diese unzählige Mutationen durchmachen musste, bevor sie zur heutigen Akzeptanz fand, doch dazu später mehr.
Mit Pizza, Frittiertem und schließlich auch der Pasta haben wir schon drei wichtige Säulen der sogenannten *cucina semplice del popolo napoletano,* also der einfachen Volksküche Neapels, angesprochen, weitere Eckpfeiler sind alle möglichen Cerealien, insbesondere Hülsenfrüchte und Gerste, und vor allem deftige Eintöpfe *(➛ Kapitel Insalate, verdure, uove e minestre).*
Werfen wir einen kurzen Blick in die Geschichte der *cucina povera napoletana,* so lesen wir meist davon, dass die Arme-Leute-Küche etwa zur Zeit der Bourbonen (beginnend mit der ersten Hälfte des 18. Jahrhunderts) auf den neapolitanischen Tellern erschienen sein soll. Das mag für mache Speisen zutreffend sein, doch sind die meisten (sehr einfachen) Gerichte – vor allem solche aus Cerealien und Hülsenfrüchten – mit Sicherheit viel älter. Insbesondere das Gerstenbrot und der Gerstenbrei (aus dem sich dann mit der Einfuhr von Mais aus Übersee die Polenta entwickelt hat) waren so etwas wie Grundnahrungsmittel schlechthin, und das bereits zur Römerzeit. Die Liebe zu diversen brei-

GEGENÜBER: *Straßenverkauf in Neapel*

artigen Gerichten haben die Neapolitaner – und nicht nur diese, sondern eigentlich fast alle Italiener – bis heute behalten. Der Grund, warum die Zeit der Bourbonen als Stichtag für die *cucina povera* angegeben wird, ist schlicht und einfach die Tatsache, dass zu dieser Zeit – wahrscheinlich im spanischen Viertel – die ersten Nudelgerichte aufkamen, aber längst noch keinen Siegeszug antraten.
Wie in der Einleitung kurz erwähnt ist meines Erachtens die Ära der spanischen Vizekönige (Anfang des 16. Jahrhunderts) verantwortlich für die – sagen wir an dieser Stelle einmal etwas übertrieben – „echte" Arme-Leute-Küche, denn den spanischen Herrschaften waren die italienischen Besitzungen viel unwichtiger als z. B. ihre Kolonien. Gleichzeitig wuchs aber die Bevölkerung Neapels (vornehmlich durch Zuwanderung) drastisch an, was schließlich zu einer geradezu verheerenden Verelendung der Massen führte. Nun verweisen die Neapolitaner heute gerne darauf, dass zu dieser Zeit das Pasta-Essen eingeführt wurde, um den Hunger der Menschen zu stillen. Die Pasta war zu jener Zeit in Palermo und Ligurien bereits bekannt, doch in Neapel hatte man von ihr bis dahin noch wenig bis gar nichts gehört.
Tatsächlich erhielten die Neapolitaner ihren Spitznamen *mangiamaccheroni* („Makkaroni-Esser"; aus diesem Begriff wurde dann später das Schimpfwort „Spaghettifresser", das aber für alle Italiener verwendet wurde) erst im 18. Jahrhundert – zuvor verspottete man sie als *mangiafoglia* („Blattgemüse-Esser"; die Liebe zum Blattgemüse hält bis heute ungebrochen an). *Mangiamaccheroni* galt übrigens über Jahrhunderte den Sizilianern. Nicht einmal das Wort Spaghetti (eine Verkleinerung des italienischen Wortes *spago,* Schnur) stammt aus Neapel, sondern aus Piacenza, wo es auch erst 1836 erstmals dokumentiert wurde – der Name stammt also ausgerechnet aus dem von den Neapolitanern so verachteten Norden. Wahrscheinlich nennt man in Neapel deshalb – sozusagen als Protest gegen den reichen Norden – die Fadennudeln bis heute *vermicelli* oder einfach *maccheroni* (damit meint man in Neapel sämtliche Pasta).
Nudeln sind – das wissen wir heute genau – keine italienische Erfindung (auch wenn die Italiener immer wieder versuchen, eine Quelle auszugraben, die das Gegenteil beweist – nein, die Nudeln sind nicht italienisch). Sie stammen auch nicht aus China, wie oftmals behauptet wird, auch wenn es dort schon seit 4000 Jahren Nudelgerichte gibt. Die Nudel, wie wir sie heute kennen, stammt aus dem Orient, wahrscheinlich aus Mesopotamien – das „beweist" allein schon die Tatsache, dass das Grundprodukt aller *pasta secca* bis heute immer der sogenannte *couscous* (ein krümeliger Teig aus Hartweizengrieß und Wasser) ist. Die Italiener haben der einfachen Nudel in der Folge ihre hundertfache Form gegeben, sie haben den Couscous gepresst, gedreht, gewickelt und gestaltet. Es waren anfangs stets Frauenhände, die diese kleinen Pasta-Skulpturen formten.

Obwohl das Mehl – insbesondere von Weizen und Gerste – seit der Frühzeit Neapels die Nahrungsgrundlage bildete, waren Nudeln bis ins 19. Jahrhundert eine Seltenheit, man zog das Brot und brotähnliche Speisen – wie z. B. pizzaähnliche Gebilde – vor.
Als dann Mitte des 19. Jahrhunderts das Pasta-Essen in Neapel populär wurde wie kaum anderswo, wurde die Herstellung der Nudeln quasi industrialisiert und das traditionelle Frauenhandwerk verschwand. Ja, die „professionellen" Pasta-Macher politisierten und protestierten geradezu gegen die traditionellen Nudelmacherinnen, insbesondere gegen die Nonnenklöster, weil diese zudem keine Steuern zahlen mussten.

Warum die *cucina povera* in Neapel so populär wurde, hat auch einen sozialpolitischen Grund: Es gab kein echtes Bürgertum, sondern nur wenige Reiche und unglaublich viele arme Menschen. Und während die Reichen, in feinste aus dem Orient importierte Seide gehüllt, nicht wussten, was sie mit ihrem vielen Geld alles anstellen sollten, hungerten die *lazzarone* (damit sind die Ärmsten der Armen gemeint) und wurden zudem auch noch als Taugenichtse und Tunichtgute verspottet. Die *lazzarone* (auch *lazzari* genannt) waren meist männliche Zuwanderer, die auf der Suche nach Arbeit nach Neapel gekommen waren. Sie lebten – nahezu wie Obdachlose – auf der Straße und verdienten ihren kargen Lebensunterhalt als Abfallsammler, Wasserträger, Muschelverkäufer, Kuttelverkäufer, Quacksalber, Losverkäufer und später auch als Makkaroniköche (denn die Nudeln wurden in großen Kesseln mit fetter Brühe gegart und mit geriebenem Käse – mit den Fingern – gegessen).
Gipfel der Geschmacklosigkeit waren die von den Reichsten der Stadt organisierten Feste, bei denen man sich daran ergötzte, dabei zuzusehen, wie sich die ausgehungerte Bevölkerung über die dargebotenen Speisen hermachte. In Anlehnung an die Geschichte vom Schlaraffenland (bei der man sich bekanntlich auch erst durch Berge von Brei fressen muss, bis man zum eigentlich „Guten" gelangt) veranstaltete man ab und zu eine solche *cuccagna* (dt. Schlaraffenland). Vor dem Palazzo Reale wurden Landschaften aus Brei, Brot und Pasta aufgebaut und der Adel belustigte sich daran, die „Hungerleider" zu beobachten, welche die dargebotenen Tafelfreuden, die aber nur Speisen enthielten, die der blasierte Geldadel nie angerührt hätte, mit Fingern und Händen in sich hineinschaufelten.
In Neapel wurde die Pasta – bis ins 20. Jahrhundert (!) – gleich am Stand mit den Händen gegessen und daher als proletarischer Fraß verachtet (bis heute schmäht die Bourgeoisie Neapels – zumindest offiziell – die Pasta). Aber nicht nur Pasta wurde und wird auf der Straße gegessen, auch einige andere Speisen haben sich im Laufe der Entwicklungsgeschichte der *cucina povera* als beliebtes „Streetfood" etablieren

können: allen voran die in Neapel omnipräsente Pizza und das allseits beliebte Frittierte.

Zur Pizza, der kulinarischen Ikone Neapels, komme ich ausführlicher im zugehörigen Kapitel. An dieser Stelle möchte ich noch kurz auf das Frittierte eingehen, weil es für die Ernährung der Neapolitaner – nicht nur historisch betrachtet – geradezu essenziell ist. Schon Johann W. von Goethe schrieb über Neapels Ernährung: Die „fliegenden Küchen" seien für jenen Teil des Volkes, der „keine wohl eingerichtete Küche hat". Die Verkaufsstände, so Goethe weiter, hätten „einen unglaublichen Abgang, und viele Tausend Menschen tragen ihr Mittag- und Abendessen von da auf einem Stückchen Papier davon". Zeitgenössische Kupferstiche zeigen Menschen, die die Nahrung gleich mit den Fingern aus dem Kessel essen – bis heute ist die Liebe der Neapolitaner zum Essen auf der Straße ungebrochen. Verschiedenste Kroketten und Krapfen, frittierte Pizza, frittierte Kürbisblüten, frittierte kleine Fische, frittierte Pasta, frittierte Süßwaren und viele andere Leckerbissen geben davon Zeugnis. Sie alle werden formlos mit der Hand verspeist – meist als schneller Imbiss zwischendurch, denn die Stadt ist laut und hektisch, und die Menschen scheinen hier für alles Zeit zu haben, nur nicht fürs Essen.

Es gibt aber auch einen ganz anderen sehr handfesten Grund, warum sich das Leben in Neapel traditionell auf der Straße abspielt: die bis heute zumeist bescheidenen, wenn nicht gar schlechten (teilweise sogar katastrophalen) Wohnverhältnisse. Bereits im frühen 19. Jahrhundert zählte die Stadt mehr als 500.000 Einwohner (heute sind es mit Umland fast 5 Millionen), die meisten waren zugewandert und arm. Noch heute sind längst nicht alle Wohnungen mit Fließwasser und Heizung ausgestattet, weshalb es gerade im Winter dazu kommen kann, dass der Satz: „Drinnen ist es kälter als draußen", zur traurigen Wahrheit gelangt. Nur Strom ist in allen Haushalten verfügbar, ohne ihn würde ja auch der Fernseher (ohne den in Neapel gar nichts läuft) nicht funktionieren – und auch die Klimaanlage wäre nutzlos. Kochen, Waschen und Heizen werden in Neapel nicht selten zur Nebensache.

Das Müllproblem hat mit dieser Einstellung übrigens nur bedingt etwas zu tun, denn dieses hat andere Gründe: erstens die Müllabfuhr, welche gerne streikt, und zweitens die illegalen Mülldeponien, mit denen sich gewisse „Familienverbände" eine goldene Nase verdienen. Der Müll ist buchstäblich Gold wert und die Mafia verdient Millionen mit dem „unsauberen" Geschäft. Schuld daran ist aber auch der hochindustrialisierte Norden Italiens, welcher seinen Abfall (auch hochgiftigen Industriemüll) gerne von den kalabrischen „Freunden" entsorgen lässt – die vergraben den Müll einfach auf heimatlichem Boden und können daher konkurrenzlos billige Entsorgungsgebühren anbieten. Die Bevölkerung leidet und hat kaum Möglichkeiten, sich zu wehren. Diese Tatsache zeigt, dass Neapel nach wie vor von einer kleinen Elite

FIORENZANO
fiorenzano
PIZZA FRITTA COMPLETA € 3.50
PIZZA FRITTA PROVOLA e POMODORO € 3.00
Enoteca
VINO SFUSO E IMBOTT
NAZIONALI ED ESTERI

beherrscht wird und keineswegs das Volk das Sagen hat. Allerdings muss man klipp und klar festhalten: Große Umweltaktivisten waren die Italiener, insbesondere die Süditaliener, noch nie und werden es so schnell auch nicht werden. Die meisten von ihnen entsorgen ihren Unrat noch immer am liebsten durch gedankenloses Wegwerfen der Müllsäcke auf der Straße oder aus dem Auto in den Straßengraben – im Umland der Stadt findet man sicher keine 5 Meter Straßengraben ohne Abfall. Dieses Verhalten zeigt sich am deutlichsten am Beispiel von Neapel, denn dort sind die Straßen nicht selten übersät mit Papier, Papptellern, Dosen und Bechern – eine der Kehrseiten des „schnellen Essens auf der Straße". Die Lösung: große Müllwägen, die, mit riesigen Staubsaugern ausgestattet, das Papier aufsaugen – allerdings nur im touristischen Zentrum, in der Peripherie sieht das anders aus.

Es muss aber gesagt werden, dass das Müllproblem in keiner Weise schuld daran ist, dass die Stadt Neapel keine großartige Esskultur hat, es entstand genau genommen aus dem Fehlen einer solchen, denn eine *cucina povera* kennen wir auch von vielen anderen Regionen Italiens, doch nirgends wird sie – von der Pizza, mit der sich viel Geld verdienen lässt, einmal abgesehen – so respektlos behandelt wie in weiten Teilen Neapels. Und daran sind weder die Armut noch die Camorra schuld. Mit Staunen habe ich zur Kenntnis nehmen müssen, dass selbst sogenannte „feine Speisen" von den Neapolitanern achtlos beim Fernsehen konsumiert werden – scheinbar nur um satt zu werden und ohne wirklichen Genuss. Bei diesem Anblick fiel mir Hermann Friedländer ein, der in seinen Werk „Ansichten von Italien" bereits zu Beginn des 19. Jahrhunderts lästerte: „Die Hände der Unterschicht werden nur sauber, wenn sie ihre Makkaroni mit bloßen Händen essen." – Nur dass dieses Verhalten nicht immer nur die Unterschicht betrifft.

Blickt man über diese Unzulänglichkeiten hinweg, dann kann man in Neapel vorzüglich speisen und hervorragend genießen, denn das Umland versorgt die Stadt mit herrlichsten Gemüsen und Früchten, aus dem Meer kommen zahlreiche Fische und Meeresfrüchte und die Köche der Stadt verstehen es, auch aus den einfachsten Zutaten schmackhafte Speisen mit ganz charakteristischem Aroma zu zaubern. Hier nun die wichtigsten Rezepte aus der berühmten *cucina povera* zum Nachkochen und Genießen.

PANE D'ORZO
Gerstenbrot

Gerstenbrot war bis in die Neuzeit das Grundnahrungsmittel der Massen schlechthin. In der Antike buk man das Brot auf dem Herd unter einem schüsselförmigen Tondeckel (lat. *testu*), der mit vielen kleinen Löchern versehen war (diese Löcher sorgen für Luftzirkulation). Die

Köche häuften rotglühende Kohlen über die Schüssel und bildeten so einen Minibackofen auf dem offenen Herd. Ein ähnliches Verfahren wird heute noch an der dalmatinischen Küste für Lammfleisch praktiziert, das mit Olivenöl, Salz und Knoblauch gewürzt, auf einen Teller gelegt, mit einer Glocke zugedeckt und anschließend mit heißer Kohle bedeckt gegart wird.

Sehr interessant ist die Tatsache, dass die Neapolitaner schon sehr früh damit begannen, ihr Brot mit (dem wesentlich teureren) Weizenmehl aufzubessern – dies war z. B. Bauern und der Bevölkerung vieler anderer süditalienischer Städte und Regionen nicht möglich. Es gibt verschiedene Überlieferungen, wie dieses Brot ausgesehen hat, hier ein sehr altes Rezept, das auch heute noch nachvollziehbar ist:

ZUTATEN FÜR 6–12 BROTE ODER 24 BRÖTCHEN

FÜR DEN SAUERTEIG: *120 g Gerstenmehl, 2 TL frische Hefe, 2 EL warmes Wasser*

FÜR DEN TEIG: *350 g Weizenvollkornmehl (eher grobes wählen), 350 g Gerstenmehl, 1–2 TL Salz*

AUSSERDEM: *Olivenöl*

ZUBEREITUNG

Für den Sauerteig die Hefe in Wasser auflösen und mit dem Gerstenmehl zu einem Teig kneten. Teig zu einem Klumpen formen, in der Mitte ein Kreuz einritzen und am Kreuzungspunkt der Balken mit dem Daumen eine kleine Mulde eindrücken. 1 EL warmes Wasser in die Mulde geben und das Ganze in einer Schüssel zugedeckt mindestens 24 Stunden (besser 36–48 Stunden) an einem warmen Ort gehen lassen.

Nun das Weizen- und das Gerstenmehl sieben, danach mit Sauerteig und Salz vermengen. Unter ständiger Zugabe von warmem Wasser einen homogenen Teig kneten, der nicht zu fest und nicht zu weich sein darf. Den Teig gut durchkneten, dann in einer Schüssel mit Frischhaltefolie abgedeckt an einem warmen Ort gehen lassen, bis er sein Volumen verdoppelt hat.

Den Teig je nach Wunsch in 6, 12 oder 24 Teile schneiden. Aus den Teigportionen größere oder kleinere Kugeln drehen, diese nochmals abgedeckt an einem warmen Ort gehen lassen. Wer mag, ritzt die Oberfläche kreuzförmig ein.

Backofen auf 200 °C vorheizen; auch ein Backblech und einen großen Topf oder eine Kasserolle erhitzen. Das Backblech gut mit Olivenöl einfetten und mittig entweder einen Brotlaib oder einige Brötchen auflegen – genau so viele, wie unter den umgekehrten Topf passen. Den Topf darüberstülpen und das Gerstenbrot etwa 15–20 Minuten backen, bis es goldbraun ist und hohl klingt, wenn man auf den Boden klopft. Die anderen Brote auf die gleiche Weise backen.

PASTA VECCHIA NAPOLETANA

Neapolitanische Pasta nach alter Art

Eines vorweg: Frische Pasta, vor allem solche mit Ei zubereitet (wie sie der reiche italienische Norden liebt), findet man in Neapel kaum. Die Neapolitaner schwören seit jeher auf ihre *pasta secca* (getrocknete Pasta), und es ist nicht unwahrscheinlich, dass das Verfahren, diese in industriellem Stile zu fertigen, in Neapel bzw. seinem Umland erfunden wurde. Neben der Emilia Romagna, wo heute Pasta-Riesen wie Barilla zu Hause sind, ist Neapel – besser gesagt die Ortschaft Gragnano mit berühmten Firmen wie Pastificio di Martino und Garofalo (hier wird übrigens auch ein Großteil der deutschen Handelsmarken erzeugt, und auch bekannte österreichische Bio-Labels lassen hier ihre Pasta produzieren) wohl das wichtigste Zentrum für Pasta in Italien.

Getrocknete Pasta war – selbst in Sizilien, dem damaligen Haupt-Produktionsstandort – bis zur Renaissance teuer, weshalb sie bis dahin auch in Neapel nicht zur Volksernährung beitrug; Neapel ernährte sich von Brot und Kohlgemüse, selten kamen Innereien dazu. Nudeln waren Luxus, doch von den Reichen wurden sie dennoch als Arme-Leute-Nahrung verschmäht, wahrscheinlich weil sie – wie Brot – aus Mehl gemacht werden.

Die Versorgungslage Neapels im 15. Jahrhundert gestaltete sich wegen der hoffnungslosen Überbevölkerung der Stadt schwierig (zu dieser Zeit wurde sogar ein Verbot für die Pasta-Erzeugung ausgesprochen – man brauchte das Mehl fürs Brotbacken), doch im frühen 16. Jahrhundert brach sie dann vollkommen zusammen, und vor allem Fleisch war kaum (eigentlich gar nicht mehr) erhältlich. Getreide rückte also wieder einmal an die erste Stelle, und fast gleichzeitig wurden die ersten Knetmaschinen und mechanischen Nudelpressen erfunden, die die Pasta-Herstellung revolutionieren sollten – vor allem im Hinblick auf eine schnelle, einfache und preiswerte Volksnahrung.

Die *maccheroni* – so werden in Neapel bis heute sämtliche Nudeln tituliert – wurden binnen kürzester Zeit zum billigen Lebensmittel der verarmten Massen. Sie wurden ohne Sauce gegessen (die kam erst später auf, ➛ *Spaghetti alla napoletana, S. 40*), nur weich gekocht mit Käse. Die Kombination von Weizennudeln mit Käse erwies sich übrigens als ausgesprochen gesunde Diät, denn sie versorgt den Körper mit fast allen wichtigen Nährstoffen.

Interessant ist, dass die Makkaroni aus dem Edelgetreide Weizen (nur selten handelte es sich dabei um Hartweizen, *durum* genannt) hergestellt wurden anstatt aus der wesentlich billigeren Gerste. So aßen in Neapel sogar die ärmsten der Armen täglich Weizen, den sich die zum Teil noch ärmeren Bauern im Umland nur an Festtagen leisten konnten. Es gibt daher nicht wenige Historiker, die dies als Indiz dafür interpretieren, dass die Städte schon damals die umliegenden Provinzen ausbeuteten.

Das Originalrezept für die Weizenmehl-Pasta ist – zusammen mit dem dazugehörenden Handwerk – weitgehend verschwunden und zudem für den Hausgebrauch nicht wirklich geeignet; interessant ist an dieser Stelle, dass wohl jeder *pastificio* sein eigenes Teigrezept gehabt haben dürfte, was eine unglaubliche Fülle verschiedenster Geschmacksrichtungen ergeben haben muss. Hier eine von mir entwickelte Version, die geschmacklich zu einem ziemlich authentischen Ergebnis führt:

ZUTATEN FÜR 4 PORTIONEN

FÜR DEN TEIG: *500 g Weizenvollkornmehl oder Hartweizenvollkornmehl (oder 250 g Weizenvollkornmehl und 250 g Weizenmehl – italienisches tipo 00 bzw. Type 480 oder 405 – auch andere Mischungsverhältnisse und Mehlsorten sind möglich), ca. 200–250 ml lauwarmes Wasser, 1 TL Salz*

AUSSERDEM: *möglichst fette Brühe (aus Schweineknochen gekocht oder auch eine kräftige Hühnerbrühe), geriebener Parmesan (z.B. Caciocavallo, Pecorino, Parmigiano Reggiano, Grana Padano o. a.)*

ZUBEREITUNG

Das Wasser mit dem Salz verrühren. Das gesalzene Wasser langsam zum Mehl (bzw. der Mehlmischung) gießen und sorgfältig vermengen. Alles gute 10 Minuten kneten, bis man einen festen Teig erhalten hat – ist der Teig zu klebrig, noch etwas Mehl dazugeben.

Nun den Teig in eine Knetmaschine (Rührmaschine) geben und nochmals 5–10 Minuten durcharbeiten. Man kann den Teig natürlich auch mit der Hand bearbeiten oder – wenn man keine entsprechende Küchenmaschine und zu wenig „Kraft“ hat – in einen Plastikbeutel füllen und kneten, indem man mit den Füßen darauf herumtrampelt (der Teig wurde früher immer mit den Füßen getreten, nur eben ohne Plastikbeutel). Je länger der Teig bearbeitet wird, desto geschmeidiger wird seine Konsistenz.

Den Teig nach dem Durchkneten in Frischhaltefolie einschlagen und 1 Stunde rasten lassen. Danach bestreut man eine Arbeitsfläche mit Mehl und rollt den Teig schön aus, bis dieser etwa 0,5 cm dünn ist – das macht man am besten in zwei Tranchen.

Nun faltet man die dünnen Teigfladen dreimal übereinander und streut zwischen jede Lage etwas Mehl, damit die Lagen nicht verkleben. Mit einem großen Messer gleichmäßige Streifen von 5 mm Breite abschneiden. Nudeln zum Trocknen aufhängen.

Man kann die Pasta aber auch gleich weiterverarbeiten. In Neapel wurden die Nudeln früher immer knuddelweich gekocht – von *al dente* keine Spur und keine Rede! Also: Die Nudeln etwa 15–20 Minuten in kochender Brühe (am besten eine Hühnerbrühe; hatte sie viele Fettaugen, war sie besonders beliebt) kochen und danach noch heiß in Schüsseln füllen und mit geriebenem Parmesan vermischen. Ursprünglich wurde diese Pasta mit den Fingern gegessen.

TIPP
Wer ganz original arbeiten will, kocht die Pasta in einer Knochenbrühe, die mit Schweineschmalz aufgebessert wurde.

HINWEIS
In alten Rezepten (so z. B. beim Gourmet Antonio Latini) wurde diese Pasta zusätzlich mit Zimt (und Zucker) gewürzt – das mag stimmen, betraf jedoch sicher nicht die einfache Bevölkerung, die mit dieser Pasta sprichwörtlich „von der Hand in den Mund“ lebte.

PASTA CACIO E PEPE
Pasta mit Käse und Pfeffer

In Neapel wurde die Nudel definitiv erst gegen Ende des 18. Jahrhunderts zur Volksnahrung, hat aber seitdem nie mehr an Bedeutung eingebüßt – ganz im Gegenteil. So gab es um 1890 allein in der Ortschaft Gragnano 66 Pasta-Fabriken und in Torre Annunziata über einhundert. Von Neapel aus eroberten Teigwaren aus Kampanien die Welt, denn das dortige Klima ist geradezu ideal für die Pasta-Erzeugung: Heißen Sonnentagen folgen kühle, trockene Nächte – so „gedeihen“ die Nudeln am besten. Kaum eine andere Region bot ein ähnlich günstiges Klima, weshalb man noch heute von einer „klassischen Naturtrocknung nach dem Neapolitaner System“ spricht, wenn es sich um Nudeln von herausragender Qualität handelt. Neapel ist heute nicht mehr das Zentrum der internationalen Nudelerzeugung, das liegt vor allem daran, dass Neapels Pasta-Fabriken den folgenschweren Fehler begangen haben, Profit vor Qualität zu stellen. Aber im Umland und in Kampanien gibt es noch einige wenige Betriebe, die nach traditionellem Vorbild arbeiten, und die bieten, kurz gesagt, absolute „Weltklasse“ an.

Gerade wenn man die einfachen neapolitanischen Rezepte nachkocht, die nur zwei, drei Zutaten beinhalten, ist es ganz besonders wichtig, nur das Beste auszuwählen. So auch bei diesem uralten Rezept, für das sich zwar fast jede Pasta-Form eignet, aber so richtig authentisch schmeckt das Ganze nur mit echter händisch erzeugter *pasta artigianale*. Und vielleicht ist das Besondere daran doch der kampanische Wind, der während des Trocknens die Pasta umschmeichelt und ihr das unerklärlich feine Aroma verleiht.

Caciocavallo-Käse

ZUTATEN FÜR 4 PORTIONEN
400 g Makkaroni (Spaghetti, Penne, Farfalle, Rigatoni o. a.), 100–200 g geriebener Caciocavallo (➛ Glossar), schwarzer Pfeffer aus der Mühle (am meisten Freude macht hier echter Malabar-Pfeffer, ➛ Glossar), grobes Meersalz fürs Kochwasser

ZUBEREITUNG
In einem Topf mindestens 4 Liter Wasser zum Kochen bringen und so viel Salz hinzufügen, dass das Kochwasser nach Meerwasser schmeckt. Die Pasta darin kochen – ideal ist ein Garzustand, den die Italiener *normale* nennen, das ist ca. 1 Minute mehr Kochzeit als *al dente*.
Die fertig gekochte Pasta abgießen und dabei etwas vom Kochwasser auffangen. Die Nudeln in einer Schüssel mit geriebenem Käse und Pfeffer bestreuen und vermengen. Esslöffelweise Kochwasser dazugeben, bis der Käse mit dem Wasser einen schmelzenden Überzug gebildet hat. Nochmals gut vermischen, auf vorgewärmten Tellern anrichten, mit Pfeffer bestreuen und servieren – wer mag, gibt auch noch etwas Käse darauf.

SPAGHETTI ALLA NAPOLETANA

Spaghetti mit Tomatensauce

Kein zweites Pastagericht ist weltweit so berühmt wie dieses. Dabei ist die Liaison von Tomaten und Spaghetti erst in jüngerer Zeit vollzogen worden und stammt ursprünglich – sehr zum Schrecken der Neapolitaner – aus Frankreich! Seit Jahrhunderten gab es einen regen Handel zwischen Neapel und der Provence, so gelangten auch die *maccheroni* nach Südfrankreich. Den dortigen Fischern waren die Nudeln mit Käse aber geschmacklich zu fad, weshalb sie auf die Idee kamen, die Spaghetti mit einer Tomatensauce zu kombinieren. Über die Handelsbeziehungen gelangte die Idee zurück nach Neapel, wurde dort begeistert aufgenommen und das köstliche Duo von Pasta und Tomate eroberte von Neapel aus die Welt. Bis heute ist dieses gleichermaßen einfache wie gute Mahl, in (fast) allen Trattorien Neapels zu Hause und zudem ein preiswertes Vergnügen.
Interessant ist auch die Tatsache, dass die Neapolitaner hier ausnahmsweise einmal nicht *maccheroni* oder Vermicelli für den Rezeptnamen verwenden, sondern tatsächlich Spaghetti (allerdings erst in heutiger Zeit, in alten Kochbüchern steht natürlich Vermicelli). Das Wort Spaghetti stammt nämlich, wie bereits erwähnt, aus dem von den Süditalienern verhassten Norden Italiens. Offensichtlich erkannten die Neapolitaner den verkaufsfördernden Wert des Wortes Spaghetti und tauften ihre Lieblingsspeise einfach um. Wer weiß, ob Vermicelli alla napoletana genauso berühmt geworden wären? Ich wage es zu bezweifeln – vor allem im Hinblick auf den Siegeszug der Industriepasta des Nordens und ihren Marketingstrategen, die dem Wort Spaghetti geradezu Kultstatus verliehen. Übrigens: Auch der Begriff Pasta stammt wohl aus dem Norden, denn er tauchte Anfang des 15. Jahrhunderts erstmalig in Padua (Venetien) auf.
Wie bei allen einfachen Gerichten mit wenigen Zutaten ist es auch hier

Gisa s.r.l.
NIKE
Gusto di Sicilia

von entscheidender Bedeutung, dass das Wenige vom Besten kommt. Handgemachte Spaghetti (aus Bronze-Matrizen gepresst) und die sonnengereiften, besonders aromatischen Tomaten vom Vesuv sind daher Pflicht.

ZUTATEN FÜR 4 PORTIONEN

400 g Spaghetti artigianale (besser: Vermicelli), 1 kg reife Tomaten, 6 EL Olivenöl extra vergine, frisches Basilikum, Meersalz

ZUBEREITUNG

Die Tomaten kurz in kochendes Wasser legen, in eiskaltem Wasser abschrecken, schälen und vierteln. Tomatenkerne herausschneiden, dann die Kerne samt Flüssigkeit durch ein Sieb passieren, den Tomatensaft auffangen und beiseitestellen. Fruchtfleisch klein würfeln.
Einen Topf mit 5 Liter Wasser aufsetzen und dieses zum Kochen bringen. Für die Sauce (man beginnt mit ihrer Zubereitung erst dann, wenn man das Wasser für die Spaghetti aufgesetzt hat) das Olivenöl in einer Pfanne erhitzen, die gewürfelten Tomaten dazugeben, salzen und kurz einkochen lassen.
Wenn das Wasser für die Pasta kocht, so viel Meersalz dazugeben, dass es wie Meerwasser schmeckt. Die Spaghetti *al dente* kochen.
Wenn die Spaghetti fertig sind, hat auch die Sauce lange genug gekocht. Dank der kurzen Kochzeit bleiben der Tomatengeschmack und die schöne Farbe der frischen Tomaten voll erhalten. Spaghetti abgießen und in einer Schüssel mit dem zurückbehaltenen Tomatensaft beträufeln. Wenn die Spaghetti den Saft aufgesogen haben, werden sie mit fein geschnittenem Basilikum und der Sauce vermischt auf Tellern angerichtet.

HINWEIS

In den heutigen Rezepten wird die Sauce manchmal auch gepfeffert, das ist vielleicht gut, aber keinesfalls original, und es wird auch kein Käse darübergestreut!

PASTA AL POMODORO CRUDO

Pasta mit rohen Tomaten

In den heißen Sommermonaten verzichtet man in Neapel häufig darauf, die Tomaten zu kochen, weil sie im Sommer so reif und süß sind, dass es sinnlos wäre, sie durch den Kochprozess zu verändern.

ZUTATEN FÜR 4 PORTIONEN

400 g Spaghetti oder Rigatoni (→ Glossar), 500 g reife Kirschtomaten (vorzugsweise vom Vesuv → Glossar), 1–2 Knoblauchzehen, 1–2 EL frisches Basilikum, Olivenöl extra vergine, Pfeffer aus der Mühle, Meersalz

ZUBEREITUNG

Tomaten grob hacken und in einer Schüssel mit gezupftem Basilikum vermischen. Knoblauch schälen, hacken und mit etwas Salz zu einer Paste zerstampfen, die man mit Olivenöl verrührt. Das Tomaten-Basilikum-Gemisch mit dem Knoblauch-Öl-Gemisch vermengen und mit Salz und Pfeffer abschmecken.
Pasta in reichlich Salzwasser *al dente* kochen, abgießen und die dampfend heiße Pasta zu den Tomaten geben – alles gut vermengen und sofort auftischen.

TIPP

Diese köstliche Pasta wird zuweilen noch mit fein gehackter Petersilie und/oder Minze angereichert; vor allem die Minze sorgt für ein unvergleichlich frisches Aroma.

MACCHERONI BELLA NAPOLI

Pasta „bella Napoli"

In Neapel hat die Pasta seit dem 18. Jahrhundert nie mehr an Bedeutung eingebüßt – im Gegenteil, sie ist immer populärer geworden und in heutiger Zeit das Grundnahrungsmittel schlechthin. Da erscheint es nur logisch, dass man für ein und dieselbe Kombination (Pasta, Tomate, Öl) unzählige Varianten kennt. Diese hier wird zumeist mit Vermicelli (eine Art dünner Spaghetti) zubereitet und heißt nicht umsonst „bella Napoli", so gut schmeckt sie.

ZUTATEN FÜR 4 PORTIONEN

400 g Vermicelli (➛ Glossar, oder dünne Spaghetti), 5 reife Tomaten, 1–2 Knoblauchzehen, frischer Oregano (oder Majoran), Olivenöl extra vergine, Meersalz, Pfeffer aus der Mühle, klein gezupfter Mozzarella oder geriebener Caciocavallo (➛ Glossar, 12 Monate gereift)

ZUBEREITUNG

Tomaten schälen, entkernen und würfeln *(➛ Spaghetti alla napoletana, S. 40)*. Den zerdrückten Knoblauch in 6 EL Olivenöl andünsten, sobald er Farbe angenommen hat, herausnehmen und die Tomatenwürfel in das aromatisierte Öl geben. Mit Salz und Pfeffer würzen, dann 20 Minuten leise köcheln lassen. Kurz vor der Vollendung die Sauce mit gezupftem Mozzarella oder geriebenem Caciocavallo anreichern – der Käse sollte leicht schmelzen.
Nudeln in gut gesalzenem Wasser *al dente* kochen, abgießen und in einer vorgewärmten Schüssel mit der Sauce vermengen. Pasta auf Tellern anrichten und mit fein gehacktem Oregano bestreuen. Mit gezupftem Mozzarella garnieren oder mit geriebenem Käse bestreut auftischen.

O'Roie (allettante) / O tre Garibaldi

Mit diesem Rezept befinden wir uns quasi im Herzen der *cucina povera* Neapels, denn weiter in die Küchenhistorie kann man in puncto Pasta kaum mehr vordringen. Ich habe den Begriff „O'Roie" zum ersten Mal auf der Speisekarte des Lokals „La Stanza del Gusto" gelesen und daraufhin meinen Freund Mario Avallone, den Besitzer des Lokals, gefragt, was dieser Begriff bedeuten würde. Er hat mir darauf zur Antwort gegeben: „O'Roie ist ein Dialektausdruck, der so viel wie ‚zwei Münzen' bedeutet. Früher, als die *maccheroni* noch von fahrenden Händlern verkauft wurden, kostete eine Portion davon genau zwei Münzen – daher der Begriff." Gemeint ist in diesem Fall also nichts anderes als eine Portion Nudeln mit Käse (bzw. Käsesauce). Doch damit gab ich mich nicht so recht zufrieden, vor allem aus einem Grund: Mario servierte seine O'Roie mit einer Tomatensauce obendrauf. Wenn es sich also bei den O'Roie um die alte Form der Pasta vecchia Napoletana *(➛ S. 37)* handelte, was hatte dann die Tomatensauce darauf verloren? Meine Neugierde war geweckt und ich forschte weiter.
In alten Kochbüchern wurde ich nicht fündig – da stand übrigens auch nichts von „O'Roie". Eines Tages kam ich dann mit Marco Galli, dem Inhaber des Lokals „Il Principe" in Pompeji, ins Gespräch, und irgendwie kamen wir auf die O'Roie zu sprechen. Von ihm erfuhr ich dann die ganze Geschichte: „Mit dem Dialektausdruck O'Roie kauften sich die einfachen Leute ihre einfachen *maccheroni* mit Käse, welche zwei Münzen kosteten. Doch als die Tomatensauce auf den Nudeln populär wurde, boten die Händler und Lokale noch eine feinere Variante an, die zusätzlich mit einem Klecks Tomatensugo serviert wurde. Man nannte dieses Gericht im Dialekt O tre Garibaldi, weil es drei Münzen kostete und die Tomatensauce an das rote Hemd Garibaldis erinnerte."
Das bedeutete also, dass das Gericht in „La Stanza del Gusto" zwar original war, doch ohne Tomatensauce hätte serviert werden oder mit dem richtigen Namen – O tre Garibaldi – auf der Karte hätte stehen müssen. Das mag jetzt vielleicht spitzfindig klingen, tatsächlich ist das aber für die Neapolitaner (zumindest für die Traditionalisten – und davon gibt es viele) sehr wichtig, weil es sich um ein „Kulturgut" handelt.
Küchentechnisch haben beide Rezepte ebenfalls eine wichtige Bedeutung, denn es waren die ersten Formen der Pasta, die nicht knuddelweich gekocht wurden (wie es früher in Neapel üblich war), sondern tatsächlich *al dente*. Vielleicht weil ein Schnellgericht auf der Straße bzw. auf dem Markt überhaupt nur *fujenni* (halbgar, also sehr kernig) genossen wurde. Mario Avello meint dazu, dass die *maccheroni* für das Gericht *al dente* gekocht werden sollten (und er bereitet es auch mit Röhrennudeln zu), Marco Galli hingegen vertritt die Ansicht, dass die Pasta *fujenni* zu sein habe, weil man sie mit Vermicelli zubereitet.

Tatsächlich liebt man halbgar gekochte Vermicelli in Neapel bis heute, doch meine „Selbstversuche" haben ergeben, dass das Gericht am besten mit *al dente* gekochten Bucatini schmeckt. Egal ob mit Bucatini, Vermicelli oder sonst einer Pasta-Sorte zubereitet, sind aber zwei Faktoren ganz entscheidend:

1. Der Käse muss die Pasta zartschmelzend umschmeicheln.
2. Es wird nur wenig, aber dafür stark eingekochtes Tomatensugo auf den Nudeln angerichtet.

In der vollendeten Form – also als O tre Garibaldi – ist diese Pasta einfach nur sensationell gut.

O'ROIE

ZUTATEN FÜR 4 PORTIONEN
400 g Bucatini (oder Vermicelli, ➛ Glossar), 100 g geriebener Caciocavallo (➛ Glossar), Meersalz

ZUBEREITUNG
Die Bucatini in Salzwasser (so stark salzen, dass es nach Meerwasser schmeckt) *al dente* kochen, abgießen und einen Schöpfer Kochwasser zurückbehalten. Die Nudeln in einer Schüssel großzügig mit fein geriebenem Käse bestreuen und so viel heißes Nudelwasser dazugeben, dass der Käse schmilzt, cremig wird und sich fein um die Pasta schmiegt. Gut vermischen und servieren.

O TRE GARIBALDI

Auch wenn die heutigen Kommunisten Italiens noch immer gerne behaupten, diejenigen gewesen zu sein, welche die Pasta (vor allem die mit der roten Tomatensauce, quasi als Symbol der politischen Zugehörigkeit, so wie dies auch das rote Halstuch dokumentieren sollte) im Land verbreitet haben, so ist das, historisch betrachtet, nicht ganz korrekt. Auch die politische Gegenseite, nämlich die Faschisten, beanspruchen für sich, große Pasta-Förderer gewesen zu sein. Mussolini versprach seinen Soldaten täglich einen Teller Pasta – er wollte sie so bei Laune halten. Die Idee war nicht von Erfolg gekrönt, denn amerikanische Historiker sind heute der Ansicht, dass die Liebe zur Pasta für Italiens militärische Misserfolge im Zweiten Weltkrieg verantwortlich gewesen sei: Die Armee hätte sich nur um ihren Teller Pasta, um Musik und ein schönes Leben gesorgt!

Der Filmregisseur Mario Soldati hat die Sache schon genauer beschrieben: Nicht Garibaldi habe Italien vereint, sondern der Topf dampfender Pasta, der mittags auf jeden Tisch des Landes kommt! Historiker gehen heute davon aus, dass diese Aussage nicht von Soldati stammt, sondern von Garibaldi höchstpersönlich. Er soll den Satz bei der Einnahme Neapels im Jahre 1860 von sich gegeben haben.

ZUTATEN FÜR 4 PORTIONEN

(4 Portionen O'Roie wie oben angegeben)

FÜR DIE TOMATENSAUCE: *500 g reife San-Marzano-Tomaten (➛ Glossar, ersatzweise aus der Dose), Basilikum, Olivenöl extra vergine, 1 gute Prise Zucker, 1 gute Prise Meersalz*

ZUBEREITUNG

Die Tomaten waschen, der Länge nach halbieren und zusammen mit Basilikum, Zucker und Salz in einem geschlossenen Topf zum Kochen bringen. Sobald die Tomaten zerkocht sind, die Flamme herunterdrehen, den Deckel abnehmen und die Sauce weiterköcheln lassen, bis die gesamte Flüssigkeit verdunstet ist. Das gesamte Kochgut durch ein Passiergerät treiben.

Vorbereitete O'Roie auf Tellern anrichten und mit einem schönen Klecks Tomatensauce auftischen (wer mag, garniert mit Basilikum).

HINWEIS

Mario Avello vertritt die Ansicht, dass es kein Sakrileg sei, die Pasta zusätzlich mit etwas frisch gemahlenem Pfeffer zu würzen. Unbedingt notwendig ist das aber nicht.

RIGATONI CON SALSA DI POMODORINI DI SORRENTO

Rigatoni mit Sauce aus Sorrentiner Kirschtomaten

Die Halbinsel von Sorrent ist für zwei Spezialitäten weltberühmt: erstens für die Limonen *(➛ Glossar)* und zweitens für die hocharomatischen Kirschtomaten, welche hier gedeihen. Sie werden für Salate verwendet, dienen als Pizza-Belag oder man kocht aus ihnen ein herrliches Sugo, das besonders gut mit den für die Region typischen Rigatoni *(➛ Glossar)* harmoniert.

ZUTATEN FÜR 4–6 PORTIONEN

500 g Rigatoni, 700 g kleine Kirschtomaten, 2–3 Knoblauchzehen, 1–2 getrocknete Peperoncini (➛ Glossar, vorzugsweise vom Vesuv), Petersilie oder Basilikum, Oregano, Olivenöl, 1 Prise Zucker, Meersalz

ZUBEREITUNG

Die Tomaten waschen, halbieren oder mit dem Handballen zerdrücken. In einem breiten Topf die 2 zerdrückten Knoblauchzehen in etwas Olivenöl andünsten und die Tomaten dazugeben. Mit Salz und Zucker würzen, dann bei starker Hitze unter Rühren etwa 10 Minuten kochen; ein intensiveres Aroma erhält die Sauce durch Zugabe von gehackter Petersilie oder (nach Belieben) Basilikum. Jedenfalls kommt etwas Oregano dazu; wer es scharf mag, fügt ein oder zwei zerbröselte Peperoncini bei.
Die in Salzwasser *al dente* gekochten Rigatoni abgießen, in einer Schüssel mit der Sauce vermengen und auf Teller verteilen. Vor dem Servieren etwas hochwertiges Olivenöl darübergießen.

HINWEIS

Während des Kochens rollt sich die Haut der Tomaten auf, das tut der Sauce nichts – die Tomaten werden für dieses Rezept jedenfalls nicht geschält.

LINGUINE MEZZODÌ

Linguine für 12 Uhr

ZUTATEN FÜR 4 PORTIONEN

400 g Linguine (➛ Glossar), 4–5 reife Tomaten (geschält und entkernt), 1 Aubergine, 1 Paprikaschote, 1 Knoblauchzehe, Basilikum, Salbei, Rosmarin, 2 Sardellen (entgrätet), 1 Handvoll Oliven (entsteint), 1–2 EL Kapern, Olivenöl, Meersalz

ZUBEREITUNG

Aubergine würfeln, Paprika von Kernen und weißen Rippen befreien, dann in Streifen schneiden. Sardinen zerkleinern, Knoblauch schälen und zerdrücken. Knoblauch in Öl goldgelb andünsten (nach Belieben belassen oder herausnehmen), dann Tomaten und Auberginen in die Pfanne geben. Sobald diese weich sind, auch die Paprikastreifen, die grob zerkleinerten Oliven, Kapern und Sardellen zufügen. Alles ein paar Minuten durchziehen lassen, dann mit gehackten Kräutern verfeinern und mit Salz abschmecken. Sauce mit den *al dente* gekochten Nudeln vermischen und auftischen.

Spaghetti alla putanesca

HINWEIS

Aus diesem Rezept entstanden wohl auch die bekannten Spaghetti alla puttanesca (Spaghetti nach Huren-Art), die mit Tomaten, Zwiebel, Knoblauch, Peperoncini, Sardellen, Oliven und Kapern zubereitet werden und quasi in „null Komma nichts" auf dem Tisch stehen, weil alle Zutaten nur kurz in einer Pfanne mit Olivenöl erhitzt werden.

VERMICELLI A'PUVURIELLO

Vermicelli nach Arme-Leute-Art

Nomen ist nicht immer gleich omen, denn die wirklich armen Neapolitaner früherer Zeiten hätten mit Sicherheit kein Geld für Eier und Schmalz gehabt – aber schmecken tut's, das muss man dem Gericht lassen.

ZUTATEN FÜR 4 PORTIONEN

400 g Vermicelli (→ Glossar), 4–5 Eier, 40 g Schweineschmalz, 100 g geriebener Käse (Caciocavallo oder Parmesan), 2–4 Knoblauchzehen, Olivenöl extra vergine, Pfeffer, Salz

ZUBEREITUNG

Die zerdrückten Knoblauchzehen in einem weiten Topf mit reichlich Öl und Schmalz andünsten. Die Eier in eine Schüssel schlagen und mit Salz und Pfeffer würzen. Vermicelli in Salzwasser *fujenni* (halbgar) kochen, abseihen und zum Knoblauch-Fett-Gemisch geben. Die Eier darübergießen, vom Herd nehmen, vermischen und heiß servieren.

TIPP

Statt mit Schmalz und Öl wird das Rezept auch mit Butter zubereitet, aber die stammt aus der feinen Küche und nicht aus der *cucina povera*.

VERMICELLI CON ALICI SALTATE

Vermicelli mit eingesalzenen Sardellen

Der Geschmack dieses Pasta-Rezepts erinnert stark an altrömische Gerichte. Man kann – sozusagen zum Einstieg in diese etwas ungewöhnliche Geschmackswelt – zunächst einmal nur ein paar Tropfen Colatura di alici *(➛ Garum, S. 19)* auf gekochte Spaghetti geben, um diese Geschmacksrichtung zu testen, und sich anschließend „steigern". Ich habe dieses schmackhafte Rezept von Marco Carli aus Pompeji:

ZUTATEN FÜR 4 PORTIONEN
300 g dünne Vermicelli (➛ Glossar), 100 g in Salz eingelegte Sardellen, 100 g frische Sardinen (küchenfertig ausgenommen und entgrätet), 100 ml Saba (➛ Glossar, eingekochter Traubenmost; ersatzweise etwas alten Balsamico-Essig nehmen), 1 kleiner Zweig Rosmarin, 1 kleiner Zweig Bohnenkraut, 100 ml Olivenöl extra vergine, evtl. Walnusskerne zum Garnieren

ZUBEREITUNG
Die gewässerten Salzsardellen entgräten und filetieren. Salzsardellen und frische Sardinenfilets grob hacken, dann in einer Pfanne mit etwas Olivenöl bei milder Hitze schmelzen. Den Traubenmost und die grob gehackten Kräuter dazugeben und alles einige Minuten langsam köcheln lassen, bis man eine sämige Sauce erhält, die durch ein Sieb passiert wird. Sauce mit frischem Olivenöl verfeinern (evtl. mit Pfeffer abschmecken).
Die Vermicelli in Salzwasser *fujenni* (halbgar) kochen, abgießen und mit der Sauce vermengen. Vor dem Auftischen evtl. mit Walnusskernen verzieren.

HINWEIS
Ein noch einfacheres Gericht firmiert in Neapel unter Maccheroni alle acciughe. Darunter versteht man eine Pasta (meist Linguine oder Vermicelli), die mit einer Sauce aus in Olivenöl (150 ml) geschmolzenen eingelegten Sardellen oder Sardinen (für 4 Portionen etwa 150 g), 2–4 gepressten Knoblauchzehen, etwas gehackter Petersilie, Pfeffer aus der Mühle und evtl. einer Prise Salz serviert wird.

VERMICELLI CON ALICI FRESCHE
Vermicelli mit frischen Sardinen

Hier kommen alle traditionellen Zutaten der *cucina povera* zum Einsatz: Pasta, Sardinen (weil preiswert), Tomaten, Semmelbrösel (Paniermehl) und Öl – diese Pasta schmeckt mir persönlich besonders gut. Das Gericht ist übrigens eine Hauptmahlzeit und wird daher nur selten als Primo gegessen.

ZUTATEN FÜR 4 PORTIONEN
600 g große Vermicelli (➛ Glossar), 600 g frische Sardinen, 3–4 geschälte

und entkernte reife Tomaten, 2–4 Knoblauchzehen, 1–2 EL gehackte Petersilie, 3–4 EL Semmelbrösel (Paniermehl), Olivenöl extra vergine, Pfeffer aus der Mühle, Meersalz

ZUBEREITUNG
Die Sardinen waschen, ausnehmen, Mittelgräte, Kopf und Schwanz entfernen. Geschälten und gehackten Knoblauch in 100 ml Olivenöl andünsten, Sardinen und grob zerteilte Tomaten dazugeben und 5 Minuten kochen lassen, dann mit etwas Wasser (ca. 1 Glas) ablöschen. Mit gehackter Petersilie, Salz und Pfeffer abschmecken. 3–4 Minuten weiterkochen lassen.
In einer Pfanne etwas Olivenöl erhitzen und die Semmelbrösel darin unter ständigem Rühren goldbraun rösten. Dann die duftenden Brösel zur Sauce geben.
Die Vermicelli in reichlich Salzwasser *al dente* kochen, abgießen und in eine Kasserolle mit etwas Öl geben. Die Sauce dazugießen und alles auf kleiner Flamme 1–2 Minuten ziehen lassen, bis die Pasta das Aroma der Sauce aufgesogen hat. Sofort servieren.

VARIANTEN
Die Sauce mit geriebenem Peperoncino schärfen oder zusätzlich eine Handvoll gewaschene Salzkapern untermengen.

PENNETTE "SCIUÈ SCIUÈ"
Schnelle Pennette

Sciué sciué ist ein neapolitanischer Ausdruck, mit dem man etwas ganz Einfaches beschreibt – so wie diese Pasta:

ZUTATEN FÜR 4 PORTIONEN
400–500 g Penne oder Pennette, 1 kg geschälte Tomaten, 200 g Büffelmozzarella, 100–120 g geriebener Käse (Caciocavallo oder Parmesan), Olivenöl, Basilikum, Salz

ZUBEREITUNG
In einem weiten Topf die Tomaten mit etwas Olivenöl, einigen Basilikumzweigen und Salz 20–30 Minuten auf starker Flamme kochen. Die Pasta in reichlich Salzwasser kernig kochen, abgießen und zur Tomatensauce geben. Bei mäßiger Hitze weiterkochen, den Parmesan und den Büffelmozzarella dazugeben und rühren, bis der Käse geschmolzen ist. Sofort servieren.

HINWEIS
Mitunter bekommt man in Neapel unter diesem Rezept auch ganz nor-

male Pasta aglio e olio vorgesetzt – aber Vorsicht: Die kann in Neapel sehr scharf sein! Üblicherweise berechnet man pro Person mindestens 150 g Pasta (vorzugsweise Vermicelli), 50–75 ml Olivenöl, 2–4 Knoblauchzehen, 1–2 Peperoncini (vom Vesuv sind sie besonders aromatisch, ➛ *Glossar*), 1/2 EL gehackte Petersilie und Meersalz nach Bedarf. Die in Salzwasser *fujenni* (halbgar) gekochte Pasta kommt einfach in das erhitzte und mit blättrig geschnittenem Knoblauch sowie zerriebenem Peperoncino aromatisierte Öl, bleibt darin 3–5 Minuten (gut vermischen und durchschwenken), bevor man sie auf warmen Tellern anrichtet und mit gehackter Petersilie bestreut auftischt.

SEDANI BELLA NAPOLI

Überbackene Sedani

ZUTATEN FÜR 4 PORTIONEN

400–500 g Sedani (➛ Glossar), 2–3 Schöpfer Tomatensauce (➛ O tre Garibaldi, S. 47), einige Sardellenfilets, 1 Handvoll Kapern, 400 g Büffelmozzarella, Oregano, Basilikum, Olivenöl, Pfeffer, Salz

ZUBEREITUNG

Die in Salzwasser kernig gekochten Nudeln abgießen und in einer Schüssel mit Tomatensauce, gehackten Sardellen, Kapern und 200 g gewürfeltem Mozzarella vermischen, dann mit Oregano, Basilikum, Pfeffer und Salz würzen. Eine flache Auflaufform mit Olivenöl einstreichen, die Mischung hineingeben, glatt streichen und mit hauchdünnen Mozzarellascheiben belegen, danach 10 Minuten bei 200–220 °C gratinieren. Etwas Öl darüberträufeln und servieren.

MACCHERONI GRATINATI

Gratinierte Makkaroni

Und noch ein Gericht, bei dem die Pasta gratiniert wird. Und das Besondere daran: Es wurde weltberühmt! Vor allem in den USA ist dieses Rezept unter der Bezeichnung Macaroni and cheese zu einem Klassiker und einer Leibspeise geworden (allerdings bereiten es die Amerikaner mit Cheddar und nicht mit Büffelmozzarella zu und würzen das Gratin zusätzlich mit etwas Senf und Paprikapulver).

ZUTATEN FÜR 4 PORTIONEN

400–500 g kurze Makkaroni oder Sedani (➛ Glossar), 150–200 g Kochschinken, 200–250 g Büffelmozzarella, 100–125 g Weizenmehl, 100–125 g Butter, 100–125 g Parmesan, 1 l Milch, 2–3 EL Semmelbrösel (Paniermehl), Muskatnuss (frisch gerieben), Salz

Gragnano Città della Pasta
Formato Speciale
Pastificio
FAELLA
dal 1907
GRAGNANO
(NAPOLI)
Mezzi Rigatoni
PASTA DI SEMOLA
DI GRANO DURO
Peso netto kg. 1
Umidità 12,50%
Trafilata in bronzo
ZITI
SPAGHETTI

ZUBEREITUNG

In einer Kasserolle die Butter zergehen lassen, das Mehl einrühren, mit der Milch aufgießen und darauf achten, dass sich keine Klumpen bilden; unter ständigem Rühren zu einer homogenen Béchamelsauce verkochen, die mit Muskatnuss und Salz abgeschmeckt wird. In der Zwischenzeit die Pasta in Salzwasser *al dente* kochen.

Die bissfesten Nudeln abgießen, gut abtropfen lassen und in einer Schüssel mit dem klein gezupften Mozzarella und dem klein gewürfelten Schinken vermischen. Eine ausreichend große Backform dick mit Butter ausstreichen, das Nudelgemisch einfüllen und mit Semmelbröseln und reichlich Parmesan bestreuen (wer mag, setzt noch einige Butterflocken darauf). Bei 180 °C etwa 20–25 Minuten backen, bis sich eine goldgelbe Kruste gebildet hat. Heiß auftischen und bei Tisch evtl. mit frisch gemahlenem Pfeffer verfeinern.

FRITTATA DI SPAGHETTI IN BIANCO

Spaghetti-Kuchen

Frittata di spaghetti in bianco

Weil die Neapolitaner ihre *maccheroni* auch heute noch am liebsten mit der Hand essen würden, dies aber nicht immer mit den neuzeitlichen Gepflogenheiten harmoniert, haben sie kurzerhand ein Rezept entwickelt, bei dem sich die Pasta mit den Fingern essen lässt, ohne dass man sich dabei allzu sehr ankleckert.

ZUTATEN FÜR 4 PORTIONEN

400 g Spaghetti, 3–4 Eier, 2 EL Milch, 75 g Parmesan, 50 g Schmalz oder Butter, gehackte Petersilie, Pfeffer aus der Mühle, Salz, etwas Öl zum Braten

ZUBEREITUNG

Die Spaghetti in reichlich Salzwasser *al dente* kochen, abgießen und mit Käse, Milch und zimmerwarmer Butter vermengen. Die Eier aufschlagen und mit gehackter Petersilie, Pfeffer aus der Mühle und Salz verquirlen. Ei mit der Pasta vermengen und alles mit zwei Gabeln sorgfältig vermischen. Etwas Öl in eine große Pfanne geben, das Spaghetti-Gemisch hineinfüllen und flachdrücken. Auf kleiner Flamme backen, bis das Ei gestockt ist – zwei- bis dreimal wenden, damit der Kuchen von beiden Seiten wunderschön knusprig-goldbraun wird. Kuchen aus der Pfanne nehmen, in Segmente schneiden und genießen.

SCAGLIUOZZI

Gebackene Polenta

Seit der Mais aus der Neuen Welt nach Europa kam, ist er aus der italienischen Küche nicht mehr wegzudenken. Und weil die Neapolitaner gerne mit den Händen essen, bereiten sie keine weiche Polenta zu (wie das restliche Italien), sondern knusprige Würfel für den schnellen Snack unterwegs.

ZUTATEN FÜR 4 PORTIONEN
200 g grober Maisgrieß (Polenta), 500–600 ml Wasser, Salz, Öl zum Frittieren

ZUBEREITUNG
In einem Topf Salzwasser zum Kochen bringen und den Maisgrieß einrühren. Unter ständigem Rühren alles 45 Minuten auf milder Flamme köcheln lassen, dann die Polenta auf eine Arbeitsfläche gießen, flachstreichen und erkalten lassen.
Die Polenta in Scheiben oder mundgerechte Würfel schneiden und diese schwimmend in Öl goldgelb ausbacken, bis sie knusprig sind. Aus dem Fett heben, abtropfen lassen und warm servieren.

TIPP
Man kann dieses Grundrezept mannigfaltig verfeinern, so wird z. B. reichlich Parmesan unter die fertige Polenta gemischt (bevor man sie auf die Arbeitsfläche streicht) oder die Polenta wird mit Butter oder gehackten Kräutern (Salbei, Rosmarin, Oregano etc.) veredelt. Ich verfeinere diese Polenta-Würfel mit gehackter schwarzer Trüffel – ist zwar nicht original, schmeckt aber ausgezeichnet!

ZEPPOLINE SEMPLICI
Einfache Krapfen

Diese Krapfen werden ausschließlich aus Mehl und Wasser gefertigt. Es gibt sie in zwei Formen, einmal als Kranz und dann noch einfacher, als klumpenförmige Krapfen.

ZUTATEN FÜR 25–50 STÜCK
600 g Weizenmehl (italienisches tipo 00 bzw. Type 480 oder 405), Wasser (so viele Becher Wasser wie Mehl – also das gleiche Volumen), Salz, Schmalz zum Ausbacken
AUSSERDEM: *etwas Schmalz oder Olivenöl für die Arbeitsplatte*

ZUBEREITUNG
Das Wasser mit etwas Salz zum Kochen bringen, das gesiebte Mehl einarbeiten und kräftig mit einem Holzlöffel rühren; den Teig auf Mittelhitze abbrennen, bis sich die Masse in einem Klumpen vom Topfrand löst. Teig auf eine glatte, eingefettete Arbeitsfläche (vorzugsweise aus

Marmor) stürzen und kneten, bis der Teig weich und homogen ist (mindestens 10 Minuten).
Nun aus dem Teig mit einem Esslöffel kleine Krapfen ausstechen oder den Teig in Portionen teilen, diese mit den Händen zu 20 cm langen Rollen formen und die Enden zu einem Kreis schließen.
Die Krapfen in einer weiten Pfanne in heißem Schmalz oder Olivenöl beidseitig goldgelb (nicht zu dunkel!) ausbacken, abtropfen lassen, salzen und als Snack reichen.

TIPP

Alternativ kann man die Krapfen auch dick mit einem Zimt-Zucker-Gemisch überziehen – das macht man üblicherweise, wenn man kranzförmige Zeppoline zubereitet.

VARIANTE

Für sogenannte Scauratielli werden die Krapfen verfeinert: Man kocht 125 g Zucker und 50 ml Wasser auf milder Flamme, bis man eine hellgelbe karamellartige Sauce hat, die mit etwas Zimt, ausgekratztem Vanillemark (ca. 1/2 Schote) und 250 g Honig vermischt wird. Die Zeppoline werden in die Sauce getaucht und mit zerriebenem Peperoncino bestreut genossen – oder man türmt die Zeppoline auf, übergießt sie mit der Sauce und bestreut das Ganze mit zerriebenem Peperoncino.

MIGLIACCIO COI CICCIOLI

Grammelkuchen

Ganz ehrlich: An diesen Kuchen kann ich mich nicht satt essen! Es war unbestritten eines der schmackhaftesten Rezepte, die ich in Neapel verkostet habe, und sie schmecken besonders vorzüglich zu einem Glas Wein! In Neapel ist das Gebäck zwar fast das ganze Jahr über erhältlich, doch traditionell wird es zu Karneval genossen.

ZUTATEN

400 g eher feiner Maisgrieß oder Maismehl, mindestens 150 g Grammeln (Grieben), 300–400 g neapolitanische Salsicce (➛ Glossar), 100 g geriebener Pecorino (➛ Glossar), 100 g geriebener Reggiano oder Grana Padano (➛ Glossar), 1 Bund glatte Petersilie, Semmelbrösel (Paniermehl) nach Bedarf, Butter, 1 Glas Weißwein, 1,5 l Wasser, Salz

ZUBEREITUNG

Die Salsicce mit einer Gabel einstechen und in etwas Butter in einer Pfanne bei nicht zu starker Hitze braten, bis sie rundherum goldgelb sind. Dann die Würste mit einem Glas Weißwein ablöschen und diesen einkochen lassen – alles in allem dauert dieser Vorgang etwa 1 Stunde.

Die Würste aus der Pfanne heben und beiseitestellen, den Bratensaft in einen großen Topf mit 1,5 l Salzwasser geben. Das Ganze zum Kochen bringen, das Maismehl einarbeiten und 40–45 Minuten bei milder Hitze kochen. Topf vom Herd nehmen und die in Scheiben geschnittenen Würstchen, die Grammeln, die beiden Käsesorten, die fein gehackte Petersilie und 1 EL Butter (oder Schmalz) daruntermischen (ich gebe noch 1 Prise Lorbeerpulver und einen Hauch gepressten Knoblauch dazu).
Eine Backform dick mit Butter einfetten und nicht zu dick mit Semmelbröseln ausstreuen. Die Polenta darauf verteilen und glatt streichen (wer mag, bestreicht die Oberfläche der Polenta zart mit Butter oder Schmalz). Bei mäßiger Hitze (ca. 160–180 °C) backen, bis der Kuchen hellbraun ist (etwa 30–40 Minuten). Aus dem Ofen nehmen und vor dem Servieren 15 Minuten rasten lassen. Dann in Stücke gebrochen auftischen – köstlich!

PANZEROTTI
Gefüllte Teigtaschen

ZUTATEN FÜR 8 PORTIONEN
500 g Weizenmehl (italienisches tipo 00 bzw. Type 480 oder 405), 3 Eier, 125 g Büffelmozzarella, 125 g Salame Napoletano (→ Glossar), 25 g Butter oder Schmalz, 75 g Parmesan (z. B. geriebener Caciocavallo), 25 g frische Hefe, 1–2 EL gehackte Petersilie, Öl zum Frittieren, Pfeffer aus der Mühle, Salz

ZUBEREITUNG
Aus Mehl, Schmalz, Hefe, Salz und der notwendigen Menge Wasser (etwa 250 ml) einen normalen Brotteig herstellen; an einem warmen Ort aufgehen lassen.
Für die Füllung 2 ganze Eier, 1 Eigelb, den gewürfelten Büffelmozzarella, die klein geschnittene Salami, den Parmesan und die gehackte Petersilie vermengen, dann mit Salz und Pfeffer abschmecken.
Den Brotteig mit einem Nudelholz ausrollen, mit einem Glas viele kleine Kreise ausstechen, jeweils einen Klecks Füllung in die Mitte setzen, den Teigrand mit dem übrig gebliebenen Eiweiß (mit etwas Wasser vermischt) einstreichen und alle Kreise zu Halbmonden zusammenklappen; Ränder fest andrücken. Die Panzerotti in heißem Öl rundherum goldbraun frittieren, abtropfen lassen und sehr heiß auftischen.

MOZZARELLA IN CARROZZA
Mozzarella in der Kutsche

Hierbei handelt es sich unbestritten um eine Offenbarung der volkstümlichen Straßenküche Neapels, denn dieses gebackene Käsesand-

Mozzarella in carozza

wich ist eine unvergleichliche Köstlichkeit und schmeckt tatsächlich am besten, wenn man es heiß – frisch ausgebacken – sofort genießt.
Heute ist diese Spezialität auf fast allen italienischen Speisekarten (wenn nicht rund um den Globus) zu finden, und wird dort meist mit Kuhmilch-Mozzarella zubereitet, was eigentlich nicht so richtig funktioniert. Der Grund dafür liegt im niedrigeren Wassergehalt und im höheren Fettgehalt des Büffelmozzarellas, wodurch dieser zwischen den Brotscheiben haftet und nicht – wie der Kuhmilchmozzarella – unappetitlich herausrinnt. Auch sollte man für diese Köstlichkeit kein Kastenweißbrot verwenden, sondern schlicht und einfach altbackenes italienisches Landbrot – das sorgt für den typischen Geschmack. Hier nun das Originalrezept und eine moderne Variante:

ORIGINAL

ZUTATEN FÜR 12 STÜCK
700–800 g Büffelmozzarella, 500 g altbackenes italienisches Landbrot, 3–4 Eier, 1 guter Schuss Milch, Weizenmehl zum Wenden, Salz, Olivenöl oder Schmalz zum Ausbacken

ZUBEREITUNG
Die Eier in einer Schüssel mit Milch und Salz verquirlen. Das Brot in 24 gleich große, etwa 1 cm dicke Scheiben schneiden; den Mozzarella in 12 gleich große Scheiben schneiden. Je eine Scheibe Mozzarella zwischen zwei Brotscheiben legen und diese möglichst passgenau zusammendrücken. Alle 12 Sandwiches zuerst in Mehl wenden, dann in das Ei-Gemisch tauchen und darin belassen, bis sie sich vollgesogen haben. Abtropfen lassen und in heißem Fett beidseitig goldbraun frittieren.

HEUTE ÜBLICHE VERSION

ZUTATEN FÜR 8 STÜCK
500 g Mozzarella (vorzugsweise reifer Büffelmozzarella), 500 g Kastenweißbrot, 4 Eier, 4–5 EL Milch, Mehl zum Wenden, Öl zum Frittieren, Pfeffer aus der Mühle, Salz

ZUBEREITUNG
Eier mit Milch und Salz verquirlen. Käse in 8 dicke Scheiben schneiden. Vom Weißbrot die Kruste entfernen und nach Wunsch in Dreiecke schneiden. Je eine Scheibe Mozzarella zwischen zwei Brothälften legen, zusammendrücken, in Mehl wenden und anschließend ins Ei tauchen, bis sich das Brot damit vollgesogen hat. In heißem Öl beidseitig goldbraun frittieren, abtropfen lassen und mit frisch gemahlenem Pfeffer bestreut sehr heiß genießen.

Al Comune di Napoli
VOTA e SCRIVI
Michela Rostan
ALLA MUNICIPALITA' II AVVOCATA - MONTECALVARIO MERCATO PENDINO - PORTO
PICA
è il momento di una Napoli giovane
Elezioni 15 - 16 Maggio 2011
SCRIVI
NAPOLI
La migliore Frutta
FRUTTA SCELTA
COMUNE DI NARNI

WINES & SPIRITS
OF ITALY

Arte & Pasta
SCIALATIELLI
AL LIMONE
conserva
tradizionale
di casa BARONE
conserva biologica
di "pomodorino del piennolo
del Vesuvio D.O.P."
di casa BARONE
330 g
L.08.2013
POMODORINI
DEL
VESUVIO

PIZZA, CALZONE E TORTANO

PIZZA, „CALZONE“ UND PIKANTE TORTE

Hier kommen wir wohl zu dem, was Neapel in der Welt – zumindest in kulinarischer Hinsicht – berühmt gemacht hat, nämlich zur Pizza und den verschiedenen Spielarten, in denen sie angeboten wird. Kaum eine Speise wird in Neapel derart emotional zubereitet, gehandelt und genossen wie die Pizza. Und auch sie wird bevorzugt – Sie wissen es bereits – mit der Hand gegessen. Kein echter Neapolitaner käme auf die Idee, seine Pizza mit Messer und Gabel zu bearbeiten; die echte Pizza wird zweimal über die Hälfte zu einem Dreieck zusammengeklappt. Man nennt das in Neapel Pizza a libretto – in eine Serviette gehüllt und mit der Hand gegessen – basta! Etwa die Pizzeria „Di Matteo" *(➛ Lokaltipps)* ist hierfür berühmt. Messer und Gabel sind nur etwas für Touristen (nicht nur „richtige" Ausländer, sondern auch Italiener, die nicht direkt aus Neapel kommen, gelten als solche).

In Neapel ist man der Ansicht, die Pizza erfunden zu haben. Das Gleiche denken aber auch die Römer von sich. Und aus Rache nennen die Neapolitaner ihre billigste Pizza *alla romana* und die Römer wiederum ihre preiswerteste *alla napoletana* – gemeint ist skurrilerweise der exakt gleiche Teigfladen mit Tomate, eingelegten Sardellen, Mozzarella und Oregano. Recht haben übrigens beide nicht, denn die Pizza wurde in ähnlicher Form schon um 2000 v. Chr. bei den Assyrern gebacken und sowohl die Etrusker (um 800–200 v. Chr.) als auch die antiken Römer kannten pizzaähnliche Speisen.

Für die eingefleischten Pizza-Fans Neapels (und das dürften fast alle Einwohner der Stadt sein) gibt es aber ohnehin nur drei echte Formen der Pizza, nämlich

1. die Pizza marinara,
2. die Pizza Margherita und
3. die traditionellste aller Pizzen, die Pizza escarole.

Weiters gelten noch die Pizza fritta (frittierte Pizza) sowie die mit Ricotta gefüllte Calzone als autochthon, der Rest schon nicht mehr. Anders gesagt: Für einen echten neapolitanischen Pizzabäcker gibt es Pizza Napoletana, Pizza alla napoletana und andere, nicht nennenswerte Plagiate.

GEGENÜBER:
Pizza Margherita
(➛ S. 71)

Als Reaktion auf die hemmungslos ausufernde Pizzakultur – die einmal mehr von Amerika ausging – wurde in Neapel die *Associazione Verace Pizza Napoletana* (Schutzvereinigung der echten neapolitanischen Pizza) gegründet, deren Mitglieder sich verpflichtet haben, die Pizza nur nach einem traditionell festgeschriebenen Regelwerk herzustellen. Manche extrem traditionellen Betriebe backen überhaupt nur eine Marinara und eine Margherita – und sonst gar nichts.

Es verhielt sich nämlich so, dass die neapolitanische Pizza nicht nur durch die Industrie Konkurrenz bekam, sondern auch durch die von Amerika nach Italien gelangte Idee, den Teigfladen mit Wurst, Schinken, Käse, Gemüse, Obst und sonstigen Belägen aufzutischen. Es war ein gewisser Gennaro Lombardi – natürlich ein ausgewanderter Neapolitaner – der in New York 1905 die erste Pizzeria eröffnete und hier vielfältig belegte Teigfladen anbot – der absolute Renner, denn sein Lokal wurde über Nacht zu einem Riesenerfolg und Kassenschlager (sicher der Hauptgrund dafür, dass sich die Idee weltweit durchsetzen konnte).

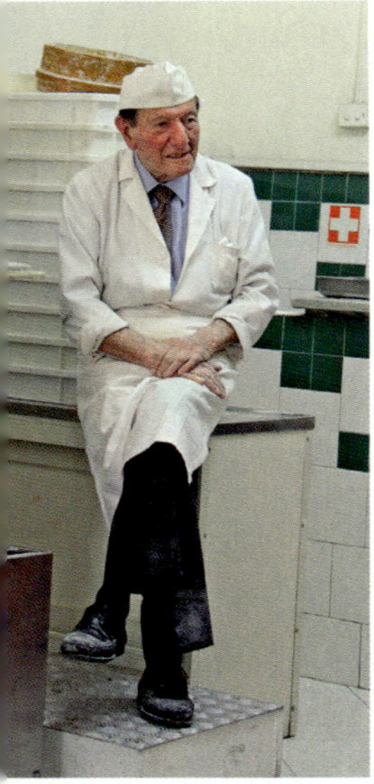

Das konnten die stolzen Pizzabäcker Neapels freilich nicht auf sich sitzen lassen, denn immerhin findet sich das erste offizielle Rezept für eine Pizza im 1858 erschienenem Buch *Usi e costumi di Napoli e contorni* (Sitten und Bräuche in Neapel und Umgebung), das ein gewisser Emmanuele Rocco verfasst hat. Doch augenscheinlich hat die *Associazione* das Buch nicht richtig gelesen, denn es steht darin geschrieben: „Man nehme ein Stück Teig, mache es größer, recke und strecke es mit einem Nudelholz oder klopfe es mit der Hand, lege drauf, was immer einem gefällt, füge Öl oder Schmalz hinzu, und man wird entdecken, was eine Pizza ist." Es kann natürlich auch so sein, dass die *Associazione* sehr wohl davon weiß und es den Mitgliedsbetrieben daher erlaubt ist, auch nach Lust und Laune belegte Teigfladen anzubieten, solange sich diese in Übereinstimmung mit dem Geist der großen Tradition befinden und die Gesetze der Vereinigung sowie die Richtlinien des (natürlich sehr guten) neapolitanischen Geschmacks nicht verletzen. Aber wie gesagt: Die Traditionalisten unter Neapels Pizzabäckern bieten ohnehin ausschließlich eine Marinara und eine Margherita an.

Tatsächlich sind sich die Mitglieder bis heute nicht einmal gänzlich darin einig, wie so eine *vera pizza* auszusehen hat, denn ich habe in Neapel zwei ganz unterschiedliche Formen angetroffen (und in beiden Fällen waren die Betriebe Mitgliedsbetriebe der Schutzvereinigung). Im ersten Fall handelte es sich um einen ganz knusprigen Teigfladen mit extrem wenig Tomaten-Belag (das war aber die Minderheit), beim zweiten um ganz weiche Pizza mit etwas mehr Tomate (das war die Mehrheit). In einer der ältesten Pizzerien Neapels, nämlich in der „Antica Pizzeria ‚Da Michele' dal 1870" – erklärte man mir, dass die echte Pizza weich zu sein habe; sonst könne man sie ja nicht richtig zusammenfalten und aus der Hand essen. Das leuchtet ein. Wir kamen intensiver ins Gespräch und man gewährte mir Einblick in das strenge Regelwerk, wo z. B. geschrieben steht: Es ist verboten, für den Teig Fett zu verwenden; es ist verboten, mit einem Nudelholz zu arbeiten; es ist verboten, eine Backform zu verwenden; man darf keinen Elektroofen benutzen (nur echte, gemauerte Holzöfen); das Feuer darf nicht künstlich genährt werden (nur Holzscheite und Späne sind erlaubt) usw. – das Regelwerk ist strenger als die 10 Gebote! Aber vielleicht schmeckt die Pizza in Neapel tatsächlich deswegen so ganz anders als im restlichen Italien oder irgendwo sonst. Es verhält sich mit der Pizza Napoletana wahrscheinlich wie mit dem Wiener Schnitzel – beide Rezepte stammen (zumindest in ihrer ursprünglichen Form) nicht aus der namensgebenden Stadt, doch nirgendwo schmecken sie so vollkommen und authentisch wie eben in ihrer jeweiligen Wahlheimat, wo sie zu geschmacklicher Perfektion reiften und kulinarische Ikonen werden konnten.

Merkwürdig ist, dass die Pizza lange Zeit eine neapolitanische Spezialität blieb und erst besagten Umweg über New York machen musste, um dann in den 60er Jahren des vergangenen Jahrhunderts zuerst in Nordeuropa für Furore zu sorgen, während man sie in Italien außerhalb von Neapel immer noch nicht kannte. Erst in den 1970er und 198Cer Jahren schaffte der nahrhafte Imbiss den Einzug nach Rom und in die nördlichen Landesteile. Dort gibt es noch heute ein gespaltenes Verhältnis zum proletarischen Teigfladen, den man als kleinen Snack zwischendurch (Pizza wird niemals als Hauptspeise und schon gar nicht als Vorspeise gegessen) beim Straßenpizzabäcker kauft. Aber der Erfolg des Geschäftsmodells wurde erkannt und auch dort will man zumindest auf diesem Sektor eine Ecke vom Pizzafladen mitschneiden.

Zu Weltruhm verholfen haben der Pizza sicherlich auch Enrico Carusos (1873–1921) Worte: „Eines Tages werde ich nach Neapel zurückkehren, weil es meine Heimat ist, die ich liebe. Aber nicht, um zu singen, sondern um Pizza zu essen.“ – Bis heute die wichtigste Werbebotschaft für die Pizza Napoletana.

PIZZETTE / PIZZA FRITTA

Kleine Pizzen / frittierte Pizza

Die Spuren der Pizza lassen sich zwar bis ins 2. vorchristliche Jahrtausend zurückverfolgen, doch in der Römerzeit wurde die *picea,* ein der heutigen Foccacia ähnlicher Teigfladen, berühmt. Woher der Name Pizza wirklich stammt, ist unklar, denn er könnte sich genau so gut vom neapolitanischen Dialektausdruck *pinsza* herleiten, der wiederum vom lateinischen *pinsere* (zerstoßen) abstammt. Durchgesetzt hat sich der Name *piza* etwa ab der Wende vom 1. zum 2. nachchristlichen Jahrtausend.

Doch was damals unter *piza* verstanden wurde, war keineswegs immer ein im Holzofen gebackener Teigfladen, sondern meistens eine Abwandlung des antiken Pfannkuchens (➛ *La cucina in epoca greco-romana*). Die Ur-Pizza, welche eher klein war, wurde von den „fliegenden" Händlern zumeist in einer Pfanne mit Schmalz ausgebacken (ganz ähnlich, wie die Händler, welche Krapfen herstellten), kaum einer hatte einen Ofen zur Verfügung. Wurden die Pizzen tatsächlich einmal im Ofen gebacken, glichen sie einem Fladenbrot, das mit Käse belegt zur heute noch beliebten Pizza bianca wurde.
Die Pizza Napoletana, so wie wir sie heute kennen (also mit Tomate, Mozzarella und Basilikum, Knoblauch oder Sardellen), ist rund 200 Jahre alt. Die Italiener waren die ersten Europäer, die Tomaten im großen Stil anpflanzten (vor allem in der Gegend rund um Neapel und Salerno) und so hatten die neapolitanischen Pizzabäcker das Glück, eine weitere kostengünstige, farbenfrohe und schmackhafte Zutat für ihre Pizza zur Verfügung zu haben.
Den ersten schriftlichen Hinweis auf eine Pizza mit Tomaten liefert übrigens Alexandre Dumas der Ältere, der im Jahr 1835 ein paar Tage in Neapel verbracht und insgesamt ein wenig schmeichelhaftes, kulturhistorisch aber sehr interessantes Sittengemälde des neapolitanischen Lebens jener Zeit verfasste. Er erzählt von gierigen Bürgern, die unentwegt Nudeln mit den Händen in sich hineinstopfen, oder eben von den verschiedenen Pizzasorten, auf die er stieß. So lesen wir von Pizza mit Olivenöl, mit Schmalz, mit kleinen Fischen (die heute selten gewordene Pizza ai cecenielli), mit Käse und mit Tomaten.
Insbesondere die Tomate ist im Zusammenhang mit der Pizza fritta interessant, denn die unvergleichlich aromatischen San-Marzano-Tomaten (➛ *Glossar*), welche rund um Neapel angebaut werden, geben der frittierten Pizza erst den richtigen Pfiff. Tomatensauce ist die Würze auf den herrlich knusprigen Pizzette, welche nur gut schmecken, wenn sie ganz frisch ausgebacken sind.

ZUTATEN FÜR 4 PORTIONEN
Pizzateig (➛ Grundrezept S. 69) Schmalz oder Frittieröl
FÜR DIE TOMATENSAUCE: *1 kg San-Marzano-Tomaten, 100 ml Olivenöl, Zucker, Salz*
AUSSERDEM: *Mozzarella, Parmesan, Basilikumblätter*

ZUBEREITUNG
Die Tomatensauce vorbereiten: Tomaten mit Olivenöl, etwas Zucker und wenig Salz dickflüssig einkochen, durch ein Sieb passieren und das Ganze nochmals bei geringer Hitze einkochen, bis die Sauce sämig ist. Wer mag, kocht etwas Zwiebel oder Knoblauch mit, um der Sauce eine besondere Würze zu geben.
Den Pizzateig in viele kleine Portionen teilen, diese unter einem Tuch nochmals aufgehen lassen, dann mit der Hand so flach drücken, dass in der Mitte eine Vertiefung entsteht. Nicht mehr als 2–3 Pizzette in einer mit heißem Schmalz oder Öl befüllten Pfanne ausbacken, dabei ein wenig heißes Fett in die Vertiefung füllen, damit diese nicht aufgeht. Fertige Pizzette abtropfen lassen, die Ausbuchtung mit Tomatensauce füllen und etwas Mozzarella oder Parmesan darüberstreuen. Mit Basilikum garniert servieren.

PIZZA AI CECENIELLI
Pizza mit kleinen Fischen

Für mich ist dieses Rezept der Ursprung aller belegten Teigfladen, und das aus mehreren Gründen: Der erste findet sich im Umfeld der süditalienischen Zigeunerfamilien, die einander, wie man sagt, gerne traurige Geschichten über die einstige Armut erzählen. Eine dieser Geschichten berichtet z. B. Folgendes: Eine vielköpfige Familie hat sich zum kargen Mahl zusammengefunden, jedes Familienmitglied mit einem Brot ausgestattet. Sie bildeten einen Kreis um eine in der Mitte befindliche Stange, auf der eine in Salz eingelegte Sardine aufgehängt war. Nun durfte jeder abwechselnd an der Sardine lecken (nicht abbeißen!), um ihren Geschmack im Mund zu haben, bevor er ein Stück Brot abbrach und kaute. Reihum wurde so lange an der Sardine geleckt, bis alle ihr Brot aufgegessen hatten – erst dann wurde der Fisch in viele kleine Stücke zerlegt, von denen jedes Familienmitglied eines als Abschluss des Mahls bekam.
Auch wenn die Geschichte theatralisch klingen mag, beinhaltet sie viel Wahres, denn es ist erwiesen, dass Brot und Sardinen die Grundnahrung der armen Leute waren. Und da die Pizza bis heute eine volkstümliche Speise ist, liegt es für mich nahe, dass die Kombination von Fisch und Brot auch eine der ersten war, die in Schmalz oder im Ofen ausgebacken wurde.
(➛ Weiter auf S. 72)

La vera pizza Napoletana

Die echte Pizza Napoletana sei eine Pizza marinara, wurde mir in der Pizzeria „Da Michele" erklärt, und dort sollte man es wissen, denn immerhin besteht sie seit fast 150 Jahren. Dort wurde dieser Pizza sogar ein Gedicht gewidmet, in dem nicht nur behauptet wird, dass die Pizza in Neapel „geboren" wurde, sondern auch die wichtigsten Punkte für ihre Zubereitung erklärt werden. Zu diesen gehören:

1. Der Belag besteht aus Knoblauch, Öl und Oregano (oder Tomaten).
2. Der Teig hat weich zu sein.
3. Es braucht Wissen um das Heizen des Ofens.
4. Nur der erfahrene Pizzabäcker mit ausgefeiltem Handwerk wird die Pizza so zubereiten, dass man glücklich und zufrieden ist.

Und natürlich ist das Ende vom Lied jenes, dass man die echte Pizza ohnehin nur bei „Da Michele" bekommt und alle anderen Plagiate sind. Aber bei „Da Michele" scheint das Handwerk wirklich spezialisiert zu sein, denn es gibt Arbeitsteilung: Ein Koch kümmert sich ausschließlich um den Teig, das Auswalken und den (spärlichen) Belag, ein zweiter Mann ist nur für das Backen der Pizza im Ofen zuständig, ein Dritter serviert, und bezahlt wird an der Kassentheke.
Die weltberühmte Pizza Margherita ist im Grunde genommen auch eine Marinara, mit dem einzigen Unterschied, dass man nicht mit Knoblauch würzt und frisches Basilikum statt Oregano verwendet.
Freilich haben mir die Herrschaften nicht ihr Geheimrezept anvertraut, aber immerhin erklärt, wie man die original neapolitanische Pizza marinara nachempfinden kann:

PIZZATEIG GRUNDREZEPT (4 PORTIONEN)

FÜR DEN TEIG: *400 g Weizenmehl (italienisches tipo 00 ➤ Glossar; echte Pizza verlangt „00", da gibt es keinen Ersatz), 250 ml lauwarmes Wasser, 25 g frische Hefe, 1 TL feines Meersalz*

Zuerst den Vorteig anrühren: Dafür die Hefe in 1–2 EL lauwarmem Wasser auflösen, 2 EL Mehl dazugeben und glatt rühren. Mit einem Küchentuch abdecken und etwa 30 Minuten gären lassen.
350 g Mehl auf die Arbeitsfläche sieben und eine Vertiefung eindrücken. Den Vorteig, das Salz und das restliche Wasser in die Mulde geben. Alles mit den Händen vermischen und in 10–15 Minuten zu einem glatten und elastischen Teig verarbeiten (zu Hause darf man auch eine Küchenmaschine mit Knethaken verwenden). Zu einem Laib formen, in vier gleich große Teile schneiden, diese zu Kugeln formen und mit einem Tuch abgedeckt 2–3 Stunden aufgehen lassen (das Volumen muss sich verdoppeln).

Die einzelnen Teigkugeln zuerst flach und kreisförmig auseinanderdrücken, dann durch gleichzeitiges Drehen und Ziehen zu einer dünnen Pizza formen (wer das nicht mit der Hand kann, nimmt ein Nudelholz); einen etwa 2 cm breiten dickeren Rand (den sogenannten *cornicione*) belassen.

PIZZA MARINARA

Es gibt mehrere Varianten dieser berühmten Pizza, einige habe ich in den vorangegangenen Rezepten angesprochen. Heute wird die Marinara traditionell mit Tomaten (hier sind frische Kirschtomaten, aber auch ganze geschälte Tomaten aus der Dose erlaubt), Büffelmozzarella, Knoblauch und Oregano belegt. Tomatensauce – wie in den nördlichen Breiten – wird hierfür nicht verwendet. Ihre Verwendung basiert auf einem Missverständnis, denn es handelt sich nicht um eine Sauce, sondern (und das nur, sofern man geschälte Tomaten verwendet) um mit der Gabel zerdrückte Tomaten (ausschließlich die Sorte San Marzano ist erlaubt, ➛ *Glossar*). Polpa di pomodoro und Ähnliches ist für Pizza ohnehin tabu, weil zu feucht.

ZUTATEN FÜR 4 PORTIONEN
Pizzateig (➛ Grundrezept S. 69), 800 g frische Kirschtomaten vom Vesuv (Sorte Cerignola, ➛ Glossar) oder geschälte Tomaten aus der Dose (ganz!), 4 Knoblauchzehen in feine Scheiben geschnitten, Olivenöl extra vergine, Meersalz

ZUBEREITUNG
Die frischen Kirschtomaten waschen, halbieren in ein Sieb geben und mit der Faust sorgfältig ausdrücken. Tomaten aus der Dose lässt man halbiert gut abtropfen, damit sie möglichst viel Wasser verlieren, danach zerdrückt man das Fruchtfleisch mit einer Gabel.
Den Teig in vier Teile teilen und so verarbeiten, wie im Grundrezept angegeben; Knoblauch schälen und in dünne Scheibchen schneiden.

Die Tomaten gleichmäßig auf den Pizzaböden verteilen (zerdrückte Tomaten mit einem Schöpfer auftragen), dann mit Knoblauch und Oregano bestreuen und jede Pizza mit etwa 2–3 EL Olivenöl beträufeln, salzen. Im möglichst heißen Ofen (275 °C) etwa 10–12 Minuten backen.

PIZZA MARGHERITA

Italien war auf dem Weg zur nationalen Einigung (Risorgimento), und Umberto I. und seine Gemahlin Margherita (Königin Margarethe von Italien, 1851–1926) wurden in Neapel anlässlich ihres Besuchs 1889 mit allen Ehren empfangen. Als die Königin (angeblich) nach einer Pizza verlangte, kreierte der damals sehr berühmte Pizzabäcker Raffaele Esposito eine Variante mit grünem Basilikum, weißem Mozzarella und roten Tomaten – also in den Nationalfarben des entstehenden Staates. Er ließ den sonst in Neapel gebräuchlichen Knoblauch weg (Adel verschmäht bekanntlich Zwiebel und Knoblauch), ersetzte den rustikalen Oregano durch liebliches Basilikum und nannte das Gebilde zu Ehren der Königin Pizza Margherita.
Historiker haben die Geschichte in der Folge als patriotisches Märchen dichtender Pizzabäcker abgetan, doch das stört heute niemanden und so bleibt die Verbindung dieser Pizza zur ersten Königin Italiens wohl für immer bestehen.

ZUTATEN FÜR 4 PORTIONEN
Pizzateig (➛ Grundrezept S. 69), 800 g frische Kirschtomaten (vorzugsweise Sorte Cerignola, ➛ Glossar) oder geschälte ganze Tomaten aus der Dose (Sorte San Marzano, ➛ Glossar), 250 g Büffelmozzarella, 8 grob gehackte Basilikumblätter, Olivenöl extra vergine, Salz

ZUBEREITUNG
Frische Kirschtomaten waschen, halbieren und in ein Sieb geben – mit der Faust gründlich ausdrücken (die San Marzano halbieren, abtropfen lassen und mit der Gabel zerdrücken). Tomaten in eine Schüssel füllen und die Hälfte des Basilikums dazugeben, damit es die Tomaten aromatisiert.
Büffelmozzarella zerpflücken und in einem Sieb vorsichtig ausdrücken. Den Pizzaboden wie beschrieben vorbereiten und mit Tomaten bzw. pürierten Tomaten belegen (Rand freilassen). Den Mozzarella gleichmäßig auf den Böden verteilen – eher mittig anordnen. Im heißen Ofen auf Mittelschiene backen, vor dem Servieren mit dem restlichen Basilikum garnieren.

Ein weiterer Grund dafür, diese Form der Pizza als die ursprüngliche anzusehen, ist für mich der, dass diese Pizza sowohl ohne Käse als auch ohne Tomaten zubereitet wird, die beide sicherlich erst nach dem 15. Jahrhundert auf dem Teigfladen landeten. Öl (bzw. Schmalz) und kleine Fische waren aber genauso vorhanden wie Knoblauch und Oregano. Letzterer ist für mich das dritte Indiz für die „Ur-Pizza" – denken wir an die griechischen Einflüsse (Oregano!) und daran, dass die Pizza aus dem östlichen Mittelmeerraum stammt.
Und last but not least gibt uns die Pizza marinara (nach Matrosenart) einen weiteren Beleg, denn auch ihre ursprüngliche Form war mit Fisch belegt. Fisch war damals billiger als die zunächst unbekannte, dann teure Tomate. Als dann die Tomaten rund um Neapel populär und billig wurden, hat man bei der Marinara einfach den mittlerweile teureren Fisch durch die inzwischen spottbilligen Tomaten ersetzt *(➛ Rezept S. 70)*.
Bei den *cecenielli* handelt es sich genau genommen um sogenannte *neonati*, also „neugeborene", junge Sardinen. Heute eine Delikatesse, einst ein traditionelles Arme-Leute-Essen. Man kann diese Pizza aber auch mit den leichter erhältlichen *acquadelle* (kleine Fischchen) oder kleinen ausgenommenen und gut gereinigten Sardellen (ohne Kopf und Schwanz) zubereiten. Ich habe diese Pizza auch schon mit eingelegten Anchovis zubereitet und war von dieser Variante besonders angetan.

ZUTATEN FÜR 4 PORTIONEN

Pizzateig (➛ Grundrezept S. 69), 800 g rohe cecenielli (oder ausgenommene Sardellen oder auch Anchovis u. Ä.), in feine Scheiben geschnittener Knoblauch, Oregano, Olivenöl extra vergine, Pfeffer aus der Mühle (oder noch besser: geschrotet), Meersalz

ZUBEREITUNG

Den Teig in vier Portionen teilen, kreisförmig auswalken und einen 2 cm breiten dickeren Rand belassen. Die Teigfladen mit den gut gewaschenen und abgetropften rohen *cecenielli* belegen, mit Knoblauchblättchen (Menge nach Belieben) bestreuen und mit Oregano, Pfeffer und Salz würzen. Alles großzügig mit Olivenöl begießen, dann im Backofen bei 275 °C etwa 15–20 Minuten backen (wenn der Ofen nicht so heiß wird, dann braucht die Pizza etwa 25 Minuten).

TIPP

Man kann diese Pizza auch zu Pizzette backen, wobei mit dem Teig genauso verfahren wird wie beim entsprechenden Rezept *(➛ S. 65)*. Für den Belag werden eingelegte Anchovis zusammen mit etwas Zwiebel und/oder Knoblauch, Olivenöl und Oregano zu einer groben Paste verhackt, mit der dann die frittierten Pizzette großzügig bestrichen werden.

PIZZA BIANCA

Weiße Pizza

Mehrere Pizzaioli Neapels haben mir versichert, dass dies die ursprüngliche Pizza ist, die, lange bevor die Tomaten bekannt waren, gebacken wurde. Ich persönlich tendiere ja zu einer anderen These *(➛ Pizza ai cecenielli, S. 67)*, aber möglich ist es schon, vor allem wenn man sich diese Pizza mit Schafsfrischkäse statt mit Büffelmozzarella vorstellt.

Pizza bianca aus dem heißen Backofen

ZUTATEN FÜR 4 PORTIONEN

Pizzateig (➛ Grundrezept S. 69), 800 g Büffelmozzarella, Olivenöl extra vergine, schwarzer Pfeffer, im Mörser zerstoßen (oder geschrotet oder aus der Mühle), Meersalz

ZUBEREITUNG

Den Pizzateig in vier Portionen teilen, zu Kugeln formen und noch eine Weile unter einem Tuch abgedeckt aufgehen lassen. Pro Person und Pizza eine Teigkugel verwenden.
Den Mozzarella in ein Sieb geben und vorsichtig mit der Faust ausdrücken, um überschüssige Flüssigkeit auszupressen.
Teigkugeln kreisförmig auswalken, dabei einen etwa 2 cm breiten dickeren Rand belassen. Pro Pizza 200 g Mozzarellascheiben gleichmäßig auf dem Teigboden verteilen (den Rand nicht belegen!); anschließend mit Olivenöl beträufeln (etwa 1–2 EL pro Pizza) und salzen.
Im sehr heißen Backofen bei 275 °C (vorzugsweise auf einem Schamottstein/Pizza-Stein) auf Mittelschiene 10–12 Minuten backen und vor dem Servieren großzügig mit Pfeffer bestreuen.

CALZONE / CALZONE FRITTO

Zusammengeklappte Pizza / Frittierte Calzone

Calzone fritto

Grundsätzlich handelt es sich bei der Calzone immer um eine zusammengeklappte gefüllte Pizza.
Aber wie so vieles gilt das nicht automatisch für Neapels Pizzakultur, denn hier liebt man eine sogenannte Calzone fritto, also eine frittierte Calzone: Die Standard-Füllung ist denkbar einfach, denn sie besteht pro Pizza aus 150–200 g glatt gerührtem Ricotta, der mit Salz und wenig Pfeffer gewürzt wurde. Auf diesen kommen noch 1 gute Prise Parmesan und 1 Schuss Olivenöl – fertig. Zusammengeklappt und am Rand gut verschlossen landet diese Calzone nicht im Backofen, sondern – wie die Pizzette – in der mit heißem Olivenöl oder Schmalz gefüllten Fritteuse. Goldbraun und knusprig gebacken lässt man sie kurz abtropfen, bevor sie heiß – natürlich mit der Hand – genossen wird.

BACIOLINI
Pizza-Küsschen

Mein Freund Attilio (übrigens der Enkel des Gründers gleichnamiger Pizzeria in der Via Pignasecca, ➛ *Lokaltipps*) hat diese Köstlichkeit kreiert. Es handelt sich dabei um einen Pizzateig (➛ *Grundrezept S. 69,* etwa 500 g), der zu einem Rechteck ausgewalkt, dann dick mit Ricottacreme (sämig gerührter Ricotta, mit Parmesan, Pfeffer und Salz gewürzt) bestrichen und schließlich mit Rucolablättern belegt wird. Dann kommt etwas Olivenöl darauf, bevor der Teig wie ein Strudel zusammengerollt wird. Anschließend schneidet Attilio etwa 10–15 cm lange Portionen ab, verschließt ein Ende gut, indem der die Teigenden übereinanderzieht und festdrückt, setzt die „Küsschen" mit der verschlossenen Seite nach unten in eine mit Öl eingefettete Form und bäckt das Ganze im Holzofen – genial einfach, einfach genial!

HINWEIS
Attilio hat auch die sogenannte Pizza carnevale *(➛ Bild gegenüber)* kreiert, eine sternförmige Pizza, deren Spitzen mit Ricotta gefüllt sind.

PIZZA ESCAROLE / PIZZA CON SCAROLA
Rustikale Endivien-Pizza

Lange bevor die echte Pizza bekannt und beliebt wurde, hat man sich in Neapel an diesem wunderbaren Rezept delektiert. Es handelt sich hierbei weniger um eine Pizza im heutigen Sinn als vielmehr um einen Kuchen (wie der nachfolgende Tortano).

ZUTATEN FÜR 6–8 PORTIONEN
FÜR DEN TEIG: *500 g Weizenmehl (italienisches tipo 00, ➛ Glossar), 25 g Bierhefe, 75–100 ml Olivenöl, Meersalz*
FÜR DIE FÜLLUNG: *6 Endivienstauden, 2–4 Knoblauchzehen (je nach Geschmack ganz, gepresst oder gehackt), 2–4 Anchovis, 100 g dunkle Oliven,*

OBEN: *Baciolini*
UNTEN: *Pizza carnevale*

40–50 g Kapern, 50 g Rosinen, 50 g Pinienkerne, Olivenöl, Sonnenblumenöl, Mehl für die Form, 1 Eiweiß zum Bestreichen

ZUBEREITUNG

Zuerst den Teig vorbereiten. Hierfür die Hefe in etwas lauwarmem Wasser auflösen, dann das Mehl auf eine Arbeitsfläche sieben und eine Mulde eindrücken. Salz über das Mehl streuen, dann Öl und Hefe in die Vertiefung gießen und alles kräftig durchkneten. Den Teig ruhen lassen, bis er weich und elastisch ist (eine halbe Stunde bis Stunde), dann nochmals durchkneten.

In einer Kasserolle den Knoblauch in Sonnenblumenöl andünsten, zwischenzeitlich die Endivien in kochendem Wasser blanchieren, dann abgießen und gut ausgedrückt (es sollte keine Flüssigkeit mehr austreten) zum Knoblauch geben. Auf guter Hitze kräftig schwenken, dann auf milder Flamme durchziehen lassen.

Eine bemehlte und eingeölte Backform mit hohem Rand mit gut der Hälfte des ausgerollten Teigs auslegen. Dann zwei Drittel bis drei Viertel des Gemüses auf dem Teigboden verteilen und glatt streichen. Rosinen, Pinienkerne, Anchovis (grob zerteilt), entkernte und halbierte Oliven sowie die Kapern darüberstreuen und mit dem restlichen Gemüse abdecken (wer es besonders aromatisch mag, streut nochmals ein paar Anchovis und Kapern darauf). Mit dem verbliebenen Teig abdecken und den Rand gut verschließen.

Teigdeckel mit einer Gabel mehrmals einstechen und mit dem Eiweiß bestreichen. Alles fest andrücken, mit 2–4 EL Olivenöl übergießen und bei 180 °C backen, bis der Teigdeckel goldbraun ist (ca. 40–50 Minuten). Aus dem Ofen nehmen, etwas abkühlen lassen, aus der Form heben und lauwarm auftischen.

HINWEIS

In ganz alten Rezepten bildeten auch noch klein geschnittene getrocknete Feigen einen Teil der Füllung. In Ermangelung von Endivien wird diese Pizza auch schon mal mit Spinat oder Mangold gefüllt. In heutigen Rezepten wird oft auf Kapern, Rosinen, Pinienkerne und Oliven verzichtet, dafür aber die entsprechende Menge Käse (z. B. junger Pecorino etc., ca. 150–200 g) hinzugegeben.

Doch das alles hat mit dem historischen Rezept mit seiner typischen salzig-süßen, leicht bitteren Note nur mehr wenig zu tun.

TORTANO

Rustikale Torte

Genau genommen handelt es sich hier tatsächlich um eine rustikale Torte, die nicht wirklich mit der Pizza verwandt ist, aber auch aus dem

Holzofen kommt und besonders gut schmeckt. Der Tortano gehört unzweifelhaft zu den Traditionsgerichten Neapels und erfreut sich bis heute ungebrochener Beliebtheit.

ZUTATEN FÜR 4 PORTIONEN

500 g Weizenmehl (italienisches tipo 00, ➛ Glossar), 300–400 g Salame Napoletano (➛ Glossar), 150 g Schmalz, 40 g Hefe, 2 Eier (hart gekocht), 2–3 EL geriebener Käse (vorzugsweise Caciocavallo, ersatzweise Parmesan), 1–2 EL geriebener Pecorino (➛ Glossar), Pfeffer aus der Mühle

ZUBEREITUNG

Aus Mehl, etwas Schmalz (ca. 50–75 g), Hefe und Wasser einen geschmeidigen Teig herstellen, diesen zudecken und 2–3 Stunden an einem warmen Ort gehen lassen.

Eine Arbeitsfläche bemehlen, den Teig durchkneten, dabei die geriebenen Käse (Parmesan und Pecorino) einarbeiten und den Teig kräftig mit Pfeffer würzen. Danach den Teig 0,5 cm dick auswalken und mit dem restlichen Schmalz bestreichen. Gewürfelte Salami und gehackte Eier daraufstreuen, dann den Teig wie einen Strudel aufrollen. Rolle in eine runde, gut mit Schmalz eingefettete Backform legen und an den Enden zusammendrücken. Nochmals 3–4 Stunden aufgehen lassen, danach bei 160–180 °C backen, bis der Kuchen kräftig goldbraun ist (etwa 60 Minuten). Aus dem Ofen nehmen und erst nach dem Erkalten aus der Form lösen.

Enzo

BIRRA PERO
VIETATO
FUMARE

SECONDI PIATTI

HAUPTGERICHTE

Wie bereits erwähnt, lieben die Neapolitaner die schnelle Nahrungsaufnahme und sind – ganz im Gegensatz zu den Norditalienern – keine Freunde großer Menüs.
Nichtsdestoweniger gibt es auch dort eine ganze Reihe von schmackhaften Hauptspeisen, zu denen einmal die *maccheroni aristocratici* gehören, also die Pasta des Adels (und Geldadels), dann die Pasta-Gerichte, welche als eigenständige Speisen aufgetischt werden können (früher nicht ganz richtig auch *pasta ricca* bezeichnet), und schließlich eingekochte Fleischgerichte mit viel Sauce, zu denen natürlich *maccheroni* als Beilage gegessen werden.
Meeresfrüchte werden in Neapel gerne verspeist, sie bilden oft den Hauptgang nach einer Pasta. Am beliebtesten sind *cozze* (Miesmuscheln), *vongole* (Venusmuscheln), die kleinen Garnelen aus dem Golf von Neapel, *seppie* (Tintenfische) und *calamari* (Kalmare); sie alle werden fast ausnahmslos frittiert. Fisch wird zumeist über Holzkohle gegrillt oder ebenfalls in Öl frittiert, seltener im Ofen oder in einer Kasserolle mit einer Sauce auf Tomatenbasis geschmort.
Fleisch wird in Neapel bis heute eher wenig gegessen. Es gibt auch nur wenige Klassiker (wie das Rindfleisch nach Pizzabäcker-Art oder die Kalbsschnitzel mit Kapern). Die Liebe der Neapolitaner aber gehört den Innereien, sie stehen mehrmals wöchentlich auf dem Speiseplan – allen voran Kutteln und Kalbskopf, aber auch Hirn, Euter und Hoden. Schweinefleisch wird fast ausschließlich in Form von Wurstwaren (inkl. Salsicce) genossen, einzig das klassische Ragù wird aus ihm zubereitet, Lamm und Ziege fast immer als Ragout (wegen der Pasta!) aufgetischt. Eine Sonderstellung nehmen die berühmten Kaninchen aus Ischia ein, die sogenannten Grubenkaninchen, welche in Freilandhaltung (also ohne Käfig) in den Weinbergen der Insel gezüchtet werden. Ihr Fleisch ist aromatisch zart und gilt als Spezialität – allerdings kennt die Küche rund um den Golf genau ein Rezept dafür, das immer wieder (in verschiedenen Varianten) bemüht wird. Bereitet man das Kaninchen nicht mit dem Rezept Coniglio all'ischitana *(→ Rezept S. 102)* zu, landet es – Sie werden es mittlerweile ahnen – in der Fritteuse.

GNOCCHI ALLA SORRENTINA

Gnocchi nach Sorrentiner Art

Selbstverständlich gehören auch die *gnocchi* in Italien fast immer zu den *primi piatti* (Vorspeisen mit Pasta, Reis u. Ä.), doch die hier vorliegende Version ist derart üppig und gehaltvoll, dass mehr als verständlich ist, aus welchem Grund sie in Neapel als Hauptspeise aufgetischt und verzehrt wird.

ZUTATEN FÜR 6–8 PORTIONEN

FÜR DIE GNOCCHI: *1,2 kg Kartoffeln, 800 g Weizenmehl (italienisches tipo 00 oder Type 480 bzw. 405), 1–3 Eier (1 Ei reicht aus, aber mit 2–3 Eiern wird der Teig besser), Salz*

AUSSERDEM: *750 ml frische Tomatensauce (➛ O tre Garibaldi, S. 47), 300–400 g echter Büffelmozzarella, 1–2 Handvoll geriebener Caciocavallo oder Grana Padano (➛ Glossar), Olivenöl extra vergine, evtl. einige Basilikumblätter zum Garnieren*

ZUBEREITUNG

Die Kartoffeln kochen, schälen und noch heiß durch eine Presse drücken (besser: mit der Faust in einer Schüssel zerdrücken). Das Mehl unter die Kartoffelmasse mischen und unter Zugabe von Ei und Salz einen homogenen Teig herstellen.

Etwas Mehl auf eine Arbeitsfläche sieben, dann eine Portion von der Kartoffelmasse daraufgeben, diese zu einer dünnen Rolle formen und von dieser kleine Stückchen (etwa 1,5–2 cm breit) abschneiden. Mit dem Finger eine Vertiefung eindrücken, dann die Gnocchi auf ein bemehltes Tuch legen.

Wenn alle Gnocchi fertig sind, diese portionsweise in einem sehr großen Topf mit kochendem Salzwasser gar ziehen lassen, bis sie an die Oberfläche steigen. Gnocchi gut abtropfen lassen und anschließend in eine weite Auflaufform füllen.

Wenn alle Gnocchi in der Auflaufform sind, diese mit Tomatensauce benetzen und gut vermischen. Etwas frisches Olivenöl darüberträufeln und salzen. Den in Scheiben geschnittenen Mozzarella darauf verteilen, alles mit geriebenem Käse bestreuen und 5–8 Minuten im sehr heißen Backofen gratinieren. Sofort auftischen.

Gnocchi alla sorrentina, Gastronomievariante

HINWEIS

In Neapels Lokalen wird unter dieser Bezeichnung meist ein Gericht serviert, das aus industriell gefertigten Gnocchi besteht, die in einer primitiven Tomaten-Käsesauce (einfache Tomatensauce mit etwas geschmolzenem Kuhmilch-Mozzarella) aufgetischt werden. Diese Variante ist fad und hat mit den echten Gnocchi alla sorrentina kaum etwas gemeinsam.

PERCIATELLI ALLA RICOTTA IN BIANCO

Perciatelli mit weißer Ricottasauce

Auch wenn das Gericht heute in Neapel durchaus zur Volksküche gehört, so hat mir Mimmo erzählt, dass es früher tatsächlich zu den sogenannten *maccheroni aristocratici* (Pasta des Adels) gehörte und nicht zur *cucina povera*. Wie auch immer – das Gericht schmeckt vorzüglich und wird, egal ob von Arm oder Reich, immer als Hauptspeise genossen.

ZUTATEN FÜR 4 PORTIONEN

600 g Perciatelli (➛ Glossar), 200–250 g Ricotta romana (➛ Glossar), 4 EL geriebener Caciocavallo (➛ Glossar) oder Parmesan, 80 g Schmalz oder Butter, reichlich gehackte Petersilie, Pfeffer aus der Mühle, Meersalz

AUSSERDEM: *geriebener Caciocavallo oder Parmesan*

ZUBEREITUNG

Die Perciatelli in reichlich Salzwasser *al dente* kochen. In der Zwischenzeit Ricotta in eine Schüssel füllen, mit ganz wenig Kochwasser der Pasta zu einer cremigen Sauce rühren. Die Sauce mit geriebenem Käse und zerlassenem Schmalz (bzw. zerlassener Butter), Petersilie, Pfeffer und Salz abschmecken (ich gebe noch eine Spitze Muskatnuss dazu). Die fertig gekochte Pasta abgießen, in eine Kasserolle füllen, auf den Herd setzen, mit der Sauce übergießen und das Ganze 2–3 Minuten auf kleiner Flamme ziehen lassen. Abschmecken, servieren und reichlich geriebenen Käse dazu reichen.

HINWEIS

In modernen Rezepten wird dieses Gericht auch gerne mit 200 g klein gehackter Salsiccia zubereitet (statt mit Schmalz oder Butter).

RAVIOLI CAPRESI

Ravioli aus Capri

Noch heute wird dieses „Nationalgericht" der romantischen Insel Capri von den Reichen und Schönen verspeist, die im Sommer zu Tausenden hierher kommen. Inzwischen sind unzählige Varianten dieser Köstlichkeit im Umlauf – und von allen wird natürlich behauptet, es handle sich um die Originalversion. Ich habe auf Capri aber keinen einzigen Koch kennengelernt, der tatsächlich wusste, wie das ursprüngliche Rezept zuzubereiten ist. Der Grund: Alle machen heute einen Pastateig mit Ei – und das ist falsch, denn das Ei gehört nicht in den Teig, sondern in die Füllung. Und zweitens: Echte *caciotta* aus Capri (ein Weichkäse ➛ *Glossar*) ist nicht in den Mengen vorhanden, wie sie gebraucht würden, daher wird heute meist auf *caciotta romana* zurückgegriffen oder auf eine Mischung aus *caciotta caprese, caciotta romana* und Parmesan.

ZUTATEN FÜR 4 PORTIONEN

FÜR DEN TEIG: *1 kg Weizenmehl (italienisches tipo 00 bzw. Type 480 oder 405), 150 ml Olivenöl*

FÜR DIE FÜLLUNG: *5–6 Stück caciotte capresi (➛ Glossar), 1 Handvoll geriebener Caciocavallo oder Parmesan (fakultativ), 1 großes Bio-Ei, Oregano oder Majoran, Pfeffer aus der Mühle*

AUSSERDEM: *etwas Tomatensauce (➛ O tre Garibaldi, S. 47)*

ZUBEREITUNG

Das Mehl mit so viel heißem Wasser verkneten, dass man einen geschmeidigen Teig erhält, in den man langsam das Olivenöl einarbeitet. Den Teig gut durchgeknetet in ein feuchtes Tuch schlagen und mindestens 30 Minuten rasten lassen.

In der Zwischenzeit die Füllung vorbereiten: Den Weichkäse hierfür klein schneiden und in eine Schüssel füllen. Das leicht verquirlte Ei, Pfeffer und Oregano (oder Majoran) dazugeben und evtl. mit einer Handvoll geriebenem Hartkäse würzen. Gut verrühren.

Den Teig halbieren und zu zwei (gleich großen) dünnen Rechtecken ausrollen. Auf die eine Hälfte kleine Häufchen (je ca. 1 EL) der Füllung setzen – zwischen den Häufchen jeweils 5 cm Abstand lassen. Mit der zweiten Teighälfte abdecken und um die Füllung herum jeweils andrücken. Mit einem Teigrad in Quadrate schneiden und diese Ravioli in reichlich siedendem Salzwasser ca. 5 Minuten garen. Ravioli abtropfen lassen, auf Tellern anrichten und mit etwas Tomatensauce garniert auftischen.

SPAGHETTI CAPO MISENO

Spaghetti mit Fleischbällchen

Der antike Ort Miseno (lat. *Misenum*) leitet sich von einem Herrn namens Misenos ab, einem der Weggefährten des Äneas, welcher ja bekanntlich aus dem von den Griechen heimgesuchten Troja flüchten musste. Misenos soll in Miseno ums Leben gekommen und bestattet worden sein, während Äneas weiterzog und später – weiter nördlich – Alba Longa gründete, eine Ortschaft, die als „Mutterstadt" Roms bezeichnet wird. Der Ort Miseno gehörte einst wohl zur Siedlung Cumae *(➛ Vorwort)* wurde aber 214 v. Chr. von Hannibal zerstört. Auf einer der Stadt im Meer vorgelagerten Insel befand sich ein wichtiger Leuchtturm, nach dem dieses Gericht benannt ist.

Was sich die Einwohner der Ortschaft wohl nicht haben träumen lassen, ist die Tatsache, dass ein nach ihr benanntes Rezept im ausgehenden 20. Jahrhundert einen ganzen Kontinent erobern sollte: Die Spaghetti

GEGENÜBER: *Spaghetti Capo Miseno*

Capo Miseno gelangten mit neapolitanischen Auswanderern nach Amerika und wurden dort zu den berüchtigten Spaghetti and meatballs, einem Gericht, mit dem ganze Generationen junger Amerikaner (vor allem in den 1970er und 1980er Jahren) aufgezogen wurden. Leider bekamen diese aber nicht das Original vorgesetzt, sondern in einer Ketchup ähnlichen Sauce schwimmende Matschnudeln aus der Dose, denn Spaghetti and meatballs gibt es in Amerika tatsächlich als Dosenfutter! Dies soll uns aber nicht die Freude am Original verderben.

ZUTATEN FÜR 4 PORTIONEN
400 g Spaghetti, einige EL Tomatensauce (➛ O tre Garibaldi, S. 47), 1 Kugel Büffelmozzarella (ca. 250 g), 1 Handvoll gefüllte Oliven (wahlweise mit Sardellen, Zitronen oder Peperoncino oder auch gemischt), Thymian, 75 g Butter
FÜR DIE HACKFLEISCHBÄLLCHEN: *400–500 g schieres Rinderhackfleisch, 1 Ei, 1 Eigelb, 2–3 Knoblauchzehen, 1 Bund Petersilie, Pfeffer aus der Mühle, Salz, Semmelbrösel (Paniermehl) nach Bedarf, Öl zum Frittieren*

ZUBEREITUNG
Das Hackfleisch in eine Schüssel geben und mit zerdrücktem Knoblauch, gehackter Petersilie, Pfeffer und Salz gewürzt vermengen. Kleine Klößchen aus der Masse formen, diese in Semmelbröseln wenden und anschließend in heißem Öl rundherum goldbraun frittieren; abtropfen lassen.
Spaghetti in Salzwasser 5–6 Minuten kochen (halbe Kochzeit), abgießen und mit einigen Esslöffeln Tomatensauce vermischt in eine gut gebutterte Form füllen. Fleischbällchen, halbierte Oliven, Thymian und zerzupften Mozzarella darauf verteilen. Bei 200 °C backen, bis der Käse geschmolzen ist (etwa 10 Minuten). Mit Pfeffer bestreut servieren.

MACCHERONI AL RAGÙ CLASSICO NAPOLETANO

Nudeln mit klassischem neapolitanischem Ragout

Es gibt zwei Varianten für diese berühmte Sauce. Bei der ersten (und das ist – zumindest in den Haushalten – die häufigste) wird das Fleisch stundenlang gekocht, bis es zerfallen ist, bei der zweiten umwickelt man das Fleisch mit Speck und Schinken und kocht dies in einer Tomatensauce; hierbei wird zuerst die Sauce mit einer Pasta gegessen und anschließend das Fleisch.
Die Geister scheiden sich auch bei der Tomate: Puristen schwören darauf, dass man eine Mischung aus Tomatenpüree *(polpa di pomodoro)* und Tomatenkonzentrat nehmen muss, andere (wie z. B. die meisten Hausfrauen) nehmen nur Tomatenmark.

Ich habe diese (und noch einige andere Varianten, auf die ich aus Platzgründen hier nicht näher eingehen kann) ausprobiert und dabei festgestellt, dass das Umwickeln des Fleischstücks mit Speck durchaus Sinn macht und das traditionelle handwerkliche Verfahren für ein ganz besonderes Aroma sorgt und daher nicht vereinfacht werden sollte.
Heute wird das Ragout meist aus Rindfleisch zubereitet, original wäre aber Kalb- oder Schweinefleisch. Egal welches Tier – am besten gelingt das Ganze mit sehr gutem Fleisch von der Keule.
Wichtig: Diese Sauce braucht Zeit, um gut zu werden – mindestens 6, besser noch 8 Stunden sollte man berechnen.

ZUTATEN FÜR 4 PORTIONEN
1 kg Kalb- oder Schweinefleisch (oder Rindfleisch), Pancetta (Bauchspeck) nach Bedarf (die Menge muss jedenfalls reichen, um das Fleisch umwickeln zu können), 200 g sehr fein gehackte Zwiebel, 1–2 gehackte Knoblauchzehen, ½ l Rotwein, 125 ml Tomatenmark, 30–40 g Tomatenkonzentrat aus der Flasche, 50 g Schweineschmalz, 1 EL Olivenöl, Salz

ZUBEREITUNG
Das Fleisch mit dem Bauchspeck umwickeln und mit Küchengarn binden. Schmalz und Öl in einer schweren Kasserolle erhitzen, das Fleisch zusammen mit Zwiebel und Knoblauch darin auf Mittelhitze von allen Seiten anbraten – ab und an wenden, damit nichts anbrennt und alles gleichmäßig bräunt. Nach und nach ein wenig Rotwein zugießen, damit die Zwiebeln nicht zu dunkel werden.
Nach etwa 1–1½ Stunden sollte das Fleisch rundherum hell gebräunt und die Zwiebeln so gut wie verkocht sein. Das Fleisch herausnehmen und beiseitestellen.
Was nun folgt, ist eine langwierige Arbeitsphase, die von den Neapolitanern *tiratura* genannt wird. Von ihr hängt es ab, ob die Sauce wirklich gut gelingt und so schmeckt, wie sie schmecken soll. In den Bratenrückstand im Topf wird nun zuerst das Tomatenmark eingerührt und auf guter Hitze unter ständiger Zugabe von etwas Rotwein gegart, bis die Sauce ein kräftige dunkelrote Farbe angenommen hat. Dann kommt das Fleisch zusammen mit dem Tomatenkonzentrat in den Topf, und es wird so viel Wasser angegossen, dass das Fleisch bedeckt ist.
Ein wenig salzen, die Hitze reduzieren und den Topf halb zudecken. Die Sauce sollte sachte köcheln. Nun wird das Fleisch darin 4–5 Stunden lang gegart, bis es so zart ist, dass es fast zerfällt (mit einer Fleischgabel zur Probe einstechen). Wenn das Fleisch weich ist, dieses aus dem Topf nehmen und die Sauce noch einmal kräftig aufkochen lassen. Wenn die Sauce dunkelrot ist, ist sie fertig und wird vom Herd genommen; wenn notwendig, die Sauce etwas entfetten.
Nun kann man entweder die Sauce mit einer Pasta (Mezzani, eine den Penne ähnliche Pastaform, wären original, gut passen aber auch die

Sorten Rigatoni oder Ziti, ➛ *Glossar*) auftischen und anschließend das Fleisch servieren, oder man zerteilt das Fleisch in mundgerechte Stücke, gibt es in die Sauce und tischt das Ragout mit einer Pasta als Beilage auf.

TIPP

Das Ragù darf mit etwas Parmesan und/oder gehackter Petersilie abgeschmeckt werden, manche Köche würzen darüber hinaus mit etwas Pfeffer.

HINWEISE

Man kann auch 350–400 g Zwiebel nehmen und auf den Knoblauch verzichten oder statt des Tomatenkonzentrats etwa 180–200 g Tomatenmark beifügen.
In manchen neueren Rezepten wird nur mit 600–800 ml Tomatenkonzentrat aus der Flasche gearbeitet, das spart zwar etwas Zeit, doch das Ergebnis schmeckt dann nicht original.

VARIANTE

Es gibt in Neapel auch ein sogenanntes Carne al forno (Fleisch aus dem Ofen), hierfür werden die Zwiebel in Fett angeröstet, in einen Römertopf gefüllt, dann kommt das Fleisch (man kann Lamm, Rind, Kalb oder Schwein nehmen) darauf sowie 250 g *triturato di pomodoro* (gehackte Tomaten/Tomatenwürfel), etwas Rotwein, Olivenöl, Schmalz, Salz und Pfeffer. Deckel auflegen und einige Stunden bei ca. 150 °C im Ofen garen, bis das Fleisch ganz weich ist.

RAGÙ FINTO

Falsches Ragout

ZUTATEN FÜR 4 PORTIONEN

750 g Schweinerippchen oder 500 g Fleischreste, 200 g Tomatenmark, 100 ml Olivenöl oder Schweineschmalz, 200–250 ml Rotwein, Salz

ZUBEREITUNG

Das Fleisch im Fett rundherum knusprig braun braten, dann herausnehmen und warm halten. Im Bratenfett das Tomatenmark anrösten, nach und nach mit dem Rotwein verdünnen, damit es nicht verbrennt. Wenn der Rotwein eingearbeitet und die Sauce von dunkler Farbe und sämig ist, wird mit Wasser (nicht zu viel Wasser nehmen) aufgegossen und gesalzen. Das Fleisch darin 2–3 Stunden schmoren lassen.

HINWEIS

Die Sauce ist bei diesem Gericht sehr dickflüssig, fast zäh.

"GENOVESE"

Ragout nach Genueser Art

Was sich hinter dieser Bezeichnung verbirgt, ist nichts anderes als ein weiteres Ragout der neapolitanischen Küche. Es trägt den Namen Genovese nicht wegen des berühmt-berüchtigten Verbrechersyndikats gleichen Namens, obwohl das Familienoberhaupt der auch unter dem Namen La Cosa Nostra bekannten Vereinigung tatsächlich ein gewisser Vito Genovese war, der 1897 in Risigliano bei Neapel geboren wurde. Auch mit dem berühmten Pesto alla genovese hat diese Speise nichts gemeinsam. Das wunderbar aromatische Ragout ist lediglich nach der Stadt Genua benannt worden, weil der snobistische Adel der Ansicht war, dass dort eine bessere Küche zu Hause sei als in Neapel. Im 16. Jahrhundert herrschte ein reger Handel zwischen Genua und Neapel und natürlich wurden auf diese Weise auch Kochrezepte und sogar Köche ausgetauscht.
Interessant ist bei diesem Gericht, dass es eine gewisse Ähnlichkeit zu unseren mitteleuropäischen Klassikern aufweist, wie z. B. dem Boeuf à la mode, dem Burgunderfleisch oder unserem Gulasch. Es ist aber dennoch eine recht spezielle Art der Zubereitung, die man als Mischtechnik zwischen den mitteleuropäischen Schmorgerichten und der neapolitanischen Saucenzubereitung bezeichnen könnte.
In der heutigen Version wird auf die Zugabe von Salami und Mortadella meist verzichtet, weil das „Genovese" mittlerweile zum Volksgericht mutierte und daher vereinfacht wurde. Mit Salami und Mortadella allerdings erhält es seine ganz spezielle Würze, die es zu einem tollen Gaumenschmaus werden lässt.
Der Adel hat früher Reis als Beilage gegessen, heute dürfen auch Rigatoni oder Paccheri *(➛ Glossar)* dazu gereicht werden. Hier nun das wahre und echte Originalrezept aus dem 16. Jahrhundert (von mir dem heutigen Geschmack leicht angepasst):

ZUTATEN FÜR 4–6 PORTIONEN

1 kg bestes Rindfleisch aus der Keule, 100 g Butter, 100 ml Olivenöl, 75 g Schmalz, 75 g Lardo (weißer Rückenspeck), 50 g Salame Napoletano (➛ Glossar), 50 g Mortadella, 50 g Prosciutto crudo (Rohschinken), 1,5 kg Zwiebeln, 2 Karotten, 1–2 Stangen Staudensellerie, 1–2 Knoblauchzehen, 1 Kräutersträußchen (Petersilie, Oregano, Basilikum etc.), 2 Lorbeerblätter, 1 EL Tomatenmark, 250 ml Weißwein, Pfeffer aus der Mühle, Salz

ZUBEREITUNG

Zwiebeln schälen und in Streifen schneiden; Fleisch in große Würfel schneiden. Lardo, Karotten, Sellerie, Knoblauch, Kräuter, Salami, Prosciutto und Mortadella klein hacken. Zusammen mit Butter, Öl, Schmalz, Tomatenmark und Lorbeerblättern in eine Kasserolle füllen,

salzen und pfeffern. Zugedeckt auf kleiner Flamme langsam schmoren lassen. Nach 1–2 Stunden sollten Zwiebel und Gemüse verkocht sein. Deckel öffnen und alles bei guter Hitze kräftig durchrösten. Mit dem Wein ablöschen, diesen verkochen lassen, dann nach und nach mit Wasser oder Brühe aufgießen und alles bei milder Hitze weiterkochen – so entzieht die Sauce dem Fleisch das Aroma und wird selbst sehr kräftig. Wenn man richtig gearbeitet hat, erhält die Sauce nach einer Gesamtkochzeit von etwa 3 Stunden einen unnachahmlichen Duft, ist cremig (weil die Zwiebeln vollkommen verkocht sind) und hat einen wunderschönen Glanz.
Gegessen wird der Schmaus wie folgt:
VARIANTE 1 (DIE TRADITIONELLE): Das Fleischragout mit Reis oder Pasta zusammen auf einem Teller angerichtet auftischen.
VARIANTE 2 (IN ZWEI SCHRITTEN): Zuerst wird eine Pasta mit der aromatischen Sauce genossen, danach das Fleisch als eigener Gang – oder das Fleisch separat auf einem eigenen Teller zur Pasta (mit der Sauce) auftischen.

TIPP
Die Neapolitaner würzen das Ganze zusätzlich gerne mit frisch geriebenem Pecorino *(➛ Glossar)*.

HINWEIS
Wenn man sehr große Mengen von diesem Ragout kocht, nimmt man einen Schinkenknochen statt Prosciutto. Der Knochen wird in diesem Fall nach dem Kochen entfernt, das Fleisch abgeschabt und im Ragout belassen.

MACCHERONI ALLA GLASSA
Nudeln mit Schmorbraten

Schon allein bei der Namensgebung wird deutlich, dass nicht der Schmorbraten das Wichtige bei diesem Gericht ist, sondern die Pasta. Es handelt sich hierbei um ein ganz typisches neapolitanisches Gericht, das in früheren Zeiten dazu diente, dem Adel die Pasta schmackhaft zu machen, heute aber in ganz Neapel gerne gegessen wird.

ZUTATEN FÜR 6–8 PORTIONEN
1 kg mageres Rindfleisch, 200 g Pancetta (Bauchspeck) in dünnen Scheiben, 1 Bund küchenfertiges Suppengemüse (2–3 Karotten, 2 Stangen Staudensellerie, 1–2 Zwiebeln), 250–300 ml Weißwein, Rindsuppe oder Gemüsebrühe nach Bedarf, 1–2 EL Tomatenmark, 150 ml Olivenöl, 200 g Butter, Salz
AUSSERDEM: *1 kg beliebige Pasta (original serviert man Rigatoni oder Paccheri dazu, ➛ Glossar), reichlich geriebener Käse (z. B. Caciocavallo oder Parmesan)*

ZUBEREITUNG
Das Fleisch mit dem Bauchspeck umwickeln und binden; Suppengemüse hacken. Fleisch zusammen mit dem Suppengemüse, Öl und 100 g Butter in eine Kasserolle füllen, zugedeckt bei schwacher Hitze etwa 90 Minuten braten; ab und an wenden. Weißwein angießen und das Tomatenmark zufügen, dann das Fleisch unter ständiger Zugabe von etwas Brühe ganz weich schmoren lassen.
Anschließend das Fleisch herausnehmen und in Scheiben schneiden – warm halten. Die Sauce mixen, durch ein Sieb passieren und mit der restlichen Butter montieren; mit Salz abschmecken (die Sauce sollte einen schönen Glanz haben).
Separat gekochte Pasta mit der notwendigen Menge Sauce (die Nudeln sollten gut überzogen sein) und reichlich geriebenem Käse vermengen; auf einer großen Platte anrichten. Fleischscheiben auf die Pasta legen, alles mit Käse bestreuen und auftischen.

HINWEIS
Früher berechnete man 600 g Pasta für 4 Personen, das erscheint heute freilich etwas viel, doch wenn man das Gericht als Hauptspeise serviert, ist die Menge auch heute noch angemessen.

ZUPPA FORTE
Innereien-Eintopf

Dieser gehaltvolle Eintopf ist in Neapel ein typisches Winteressen. Er wird entweder – wie hier – mit gerösteten Brotscheiben aufgetischt oder – wie könnte es anders sein – als Sauce für Nudelgerichte verwendet (in diesem Fall lässt man die Sauce aber noch eine Weile eindicken). Interessant ist, dass hier Innereien vom Schwein verwendet werden, und das hat einen guten Grund: Die Bauern im Umland haben die guten Teile vom Schwein und den Speck immer verwurstet und die Innereien nur selten selbst gegessen, weil sie diese leicht an die Städter verkaufen konnten. Die Städter hatten wenig Zugang zu Fleisch und Wurstwaren und waren daher dankbar für frische Innereien, welche sie mit wertvollen Proteinen versorgten.
Der Eintopf ist immer scharf bis unglaublich scharf – daher sollte die Menge an Chilischoten dem persönlichen Geschmack angepasst werden.

ZUTATEN FÜR 4–6 PORTIONEN
1 kg gemischte Innereien (vom Schwein oder Lamm; für gewöhnlich nimmt man alle Innereien – Lunge, Herz, Leber, Nieren, Gekröse –, aber nie Kutteln und Hirn, weil diese anders zubereitet werden), 1 l polpa di pomodoro (Tomatenpüree), 150 g Tomatenmark (dreifach konzentriert),

3–9 Peperoncini (➛ Glossar, bevorzugt scharfe Chilischoten vom Vesuv), 1–3 Lorbeerblätter, 75–100 g Schmalz, Salz
AUSSERDEM: *Weißbrotscheiben, Olivenöl*

ZUBEREITUNG
Das Tomatenmark in einer Pfanne anrösten, bis es duftet, dann mit etwas Wasser ablöschen und mit klein gehacktem Chili (Menge nach Gusto) schärfen. Einige Minuten durchköcheln lassen, dann vom Herd nehmen.
Die Innereien unter kaltem Wasser abspülen und in etwa 3–4 cm große Würfel schneiden. Schmalz in einer Kasserolle erhitzen und die Innereien bei guter Hitze rundherum anbraten. Das scharfe Tomatenmark und die Lorbeerblätter dazugeben und alles gut vermischen. Garen, bis die Sauce eingedickt ist, dann das Tomatenpüree hinzugeben, Deckel auflegen und auf Mittelhitze 30–60 Minuten köcheln lassen.
Zwischenzeitlich die Weißbrotscheiben in Olivenöl beidseitig goldbraun rösten. Den Eintopf mit Salz abschmecken, in Teller füllen und mit den gerösteten Brotscheiben garniert auftischen.

HINWEIS
Es gibt im Süden Italiens viele ähnliche Rezepte, bei denen z. B. auch Rotwein, Knoblauch, Kräuter und andere Gewürze verwendet werden, in Neapel aber wird der Eintopf nur geschärft und keine anderen Aromen verwendet.

Trippa (Kutteln)

TRIPPA
Kutteln

Es gibt in Neapel zwei Arten der Kuttelzubereitung, eine für den Sommer und eine für den Winter. Bei der Sommervariante (Trippa lessa, gekochte Kutteln), werden die Kutteln kalt gegessen (natürlich in ein Papier gewickelt mit der Fingern), bei der Winterversion (Trippa al pomodoro, Kutteln mit Tomate) werden sie in einer Tomatensauce aufgetischt.

TRIPPA LESSA

Für 6–8 Portionen 2 kg Kutteln (Kalb oder Lamm) gut reinigen und zusammen mit 1 Karotte, 1 Stange Staudensellerie, 1 Zwiebel, 1 Zweig Petersilie, 1–2 Knoblauchzehen, einigen Pfefferkörnern und 10 g Salz pro Liter Wasser (so viel Wasser nehmen, dass die Kutteln gut bedeckt sind) etwa 2 Stunden kochen.
Die Kutteln erkalten lassen, in Streifen schneiden und mit Salz, Olivenöl und Zitronensaft gewürzt auf einem Papier reichen – gegessen wird mit den Fingern.

(➛ *Weiter auf S. 97)*

GEGENÜBER:
Trippa al pomodoro
(➛ S. 97)

O'pere e o'musso

Fuß und Kopf

Genau genommen handelt es sich hierbei um eines der traditionellsten (und bis heute beliebtesten) Fleischgerichte Neapels, wobei die Zubereitung denkbar einfach ist. Im neapolitanischen Dialekt heißt das Gericht auch *O per e o muss* und besteht immer aus gekochten Schweinefüßen und Kalbskopf (eigentlich nur die Schnauze vom Kalb samt Maul), manchmal darf es auch ein Lammkopf sein. O'pere e o'musso gehört zur Gruppe der sogenannten *carnacotta,* womit aber nicht gekochtes Fleisch, sondern immer gekochte Innereien, Köpfe und Füße gemeint sind.

In der Via Pignasecca (und außerhalb des Zentrums) gibt es einige Imbiss-Lokale, die sich auf die Zubereitung dieses Klassikers spezialisiert haben und tatsächlich nichts anderes anbieten. Von den meisten Touristen werden diese Lokale (weil sehr klein) nicht registriert. Man kommt (vor allem als ortsunkundiger Fremder) auch nicht sofort auf die Idee, dass die blassen Fleischteile, welche hier hinter einer Glasscheibe hängen und ständig mit Wasser besprenkelt werden, zum Sofortverzehr gedacht sind. Es könnte sich auch um das Schaufenster einer Fleischerei handeln, die kostengünstige Fleischteile anbietet.

Tatsächlich lieben die Neapolitaner diese gekochten Fleischteile fast so sehr wie wir unsere Würstel. Es erübrigt sich wohl zu erwähnen, dass auch diese Spezialität ausnahmslos aus einem Papier mit den Fingern gegessen wird.

ZUTATEN FÜR MINDESTENS 8 PORTIONEN
1 Kalbsmaske (Kalbskopf ohne Knochen), einige Schweinefüße, Salz

ZUBEREITUNG
Die Fleischteile werden in großen Kesseln in Salzwasser weich gekocht. Danach kann man sie warm oder kalt in Streifen geschnitten aus dem Papier genießen. Pro Portion werden etwa 100 g Kalbskopf und 100 g Schweinefuß berechnet, die zusammen auf einem Papier landen. Gewürzt wird mit Salz, frisch gepresstem Zitronensaft und evtl. einigen Tropfen Olivenöl.

HINWEIS
Ich habe diese Spezialität an mehreren Ständen gekostet und teilweise große Qualitätsunterschiede festgestellt. Es empfiehlt sich hier wirklich, die besten auszuwählen (meine beiden Favoriten sind im Anhang vermerkt).

VARIANTEN
Nicht immer wird das Gericht nur mit Schweinefüßen und Kalbskopf serviert, es gibt auch einige Varianten – immer handelt es sich aber um Gekochtes, das mit Salz, Zitronensaft und evtl. etwas Olivenöl serviert wird. Hier einige Beispiele:
- nur Schweinefüße oder auch nur Kalbskopf,
- Schweinefüße, Kalbskopf und Blättermagen,
- Kalbskopf und Kalbskutteln,
- verschiedene Kutteln (Blättermagen, Labmagen, Pansen),
- Kalbsgekröse.

TRIPPA AL POMODORO

Für ca. 8 Portionen 3 kg gereinigte Kalbskutteln wie oben beschrieben kochen, dann in Streifen schneiden. Zwischenzeitlich aus 1 kg Pelati (geschälte Tomaten aus der Dose), 100 ml Olivenöl, 2 Knoblauchzehen und Salz eine Tomatensauce kochen. Die fertigen Kutteln mit der Tomatensauce vermischen, alles mit gehacktem Basilikum, Pfeffer aus der Mühle und Salz würzen. Die Kutteln werden heiß aufgetischt – vor dem Verzehr mit geriebenem Parmesan bestreuen.

HINWEIS
Auf die gleiche Weise werden übrigens auch Kuheuter zubereitet, doch findet man diese nur außerhalb der Touristenpfade.

VARIANTE
Wenn man in Neapel von Trippa alla buonocore liest, so sind damit Kutteln in Tomatensauce mit Gemüse, Oliven und Zwiebeln gemeint.

ZITZE LESSE
Gekochte Euter

Im Italienischen heißen sie eigentlich *tettine*, doch in Neapel sagt man zu den Eutern *zitze*. Sie werden gut gereinigt und in Salzwasser (evtl. unter Zugabe von einem oder zwei Lorbeerblättern) gekocht. Anschließend isst man sie in Streifen geschnitten entweder kalt mit grobem Meersalz, Olivenöl und Zitronensaft beträufelt (zumeist im Sommer) oder warm mit einer scharfen Tomatensauce.

Zitze lesse

CERVELLO AL GRATIN
Gratiniertes Hirn

ZUTATEN FÜR 4–6 PORTIONEN
1,2 kg Kalbs- oder Lammhirn, 125 g Butter, 1–2 EL Semmelbrösel (Paniermehl), 2 EL gehackte Petersilie, Pfeffer aus der Mühle, Salz

ZUBEREITUNG
Das Hirn von Haut und Äderchen befreien, waschen und 5 Minuten in reichlich kochendem Salzwasser garen. Hirn im Kochwasser abkühlen lassen, abtropfen, trocknen und in möglichst gleich große Stücke schneiden. Diese auf 4–6 gut gebutterte Portionsformen verteilen und mit Salz und Pfeffer würzen. Semmelbrösel mit Petersilie mischen, pfeffern und salzen – über das Hirn verteilen und die Butter in Flocken darauflegen. 15 Minuten bei 180–200 °C gratinieren lassen und sofort servieren.

TIPP
Man kann auch noch geriebenen Käse (Caciocavallo, Grana Padano o. Ä.) unter die Semmelbrösel mischen.

BRACIOLE DI COTICA DI MAIALE
Schweineschwarten-Roulade

Das Gericht klingt eigenartig und tatsächlich ist es heute auch etwas aus der Mode gekommen. Dennoch ist es ein ganz traditionelles Rezept, das aus dem mittelalterlichen Neapel stammt (seine Wurzeln wahrscheinlich aber in der antiken römischen Küche hat) und wirklich überraschend gut mundet.

ZUTATEN FÜR 4 PORTIONEN
750 g frische Schweineschwarte, 3–6 Knoblauchzehen, 125 g Rosinen und Pinienkerne (gemischt), gehackte Petersilie (oder gehackte Kräuter gemischt) nach Bedarf
AUSSERDEM: *Tomatensauce (➛ O tre Garibaldi, S. 47)*

ZUBEREITUNG
Knoblauch und Petersilie feinst hacken. Die Schwarte kurz in kochend heißes Wasser legen, dann trocknen und abkühlen lassen.
Schwarte in mittelgroße Rechtecke (etwa die Größe eines Schnitzels) schneiden und auf jedes Stück Rosinen, Pinienkerne, gehackten Knoblauch und Petersilie geben. Salzen, zusammenrollen und die Enden mit Küchengarn zusammenbinden.
Die Schwarte-Röllchen in die Tomatensauce legen und bei milder Hitze mehrere Stunden zugedeckt garen (bei Bedarf etwas Wasser nachgeben), bis sie ganz weich und zart sind. Sauce abschmecken und das Gericht sehr heiß auftischen.

MAIALE CON LE "PAPACCELLE"
Schweinefleisch mit Paprikaschoten

ZUTATEN FÜR 4 PORTIONEN
4 Schweinekoteletts oder 12 Steaks vom Schweinefilet, 3–6 in Essig eingelegte Paprikaschoten, Butter, Pfeffer, Salz
AUSSERDEM: *Friarielli (➛ Rezept S. 121)*

ZUBEREITUNG
Das Fleisch in einer Pfanne mit Butter braten (aufpassen, dass die Butter nicht verbrennt). Zwischenzeitlich die Paprikaschoten aus dem Essig nehmen und in Streifen schneiden. Wenn das Fleisch gewendet wurde,

GEGENÜBER: *Maiale con le "papaccelle"*

Paprika dazugeben und das Fleisch fertig garen. Kurz vor dem Servieren mit Salz und Pfeffer abschmecken. Zusammen mit den Friarielli auftischen.

HINWEIS
In neuerer Zeit wird das Fleisch mit etwas Mehl bestäubt, bevor es angebraten wird – dadurch wird die Sauce molliger.

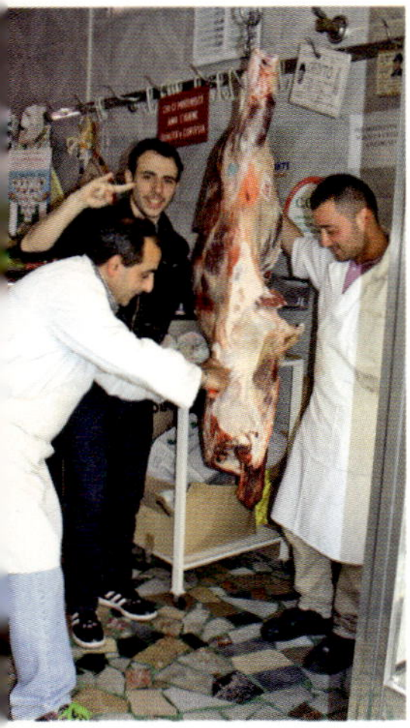

CARNE ALLA PIZZAIOLA
Rindfleisch nach Pizzabäcker-Art

Dies ist vielleicht das berühmteste Fleischgericht Neapels.

ZUTATEN FÜR 4 PORTIONEN
4 Rinderschnitzel oder Rostbratenscheiben (je ca. 180 g), 500 g geschälte Tomaten (aus der Dose), Knoblauch nach Geschmack, Oregano, Petersilie, Olivenöl, Pfeffer aus der Mühle, Salz

ZUBEREITUNG
Tomaten zerdrücken, mit reichlich Olivenöl, Knoblauch (Menge nach persönlichem Geschmack), Oregano, Pfeffer und Salz würzen.
Die Rinderschnitzel (bzw. Rostbraten) dünn klopfen und portionsweise in einer Pfanne mit Olivenöl beidseitig braten.
Wenn alle Fleischscheiben angebraten sind, die Tomatensauce über das Fleisch gießen (wer mag, gibt noch 125 ml Weißwein dazu), Hitze zurücknehmen und alles ungefähr eine gute Stunde dünsten lassen. Mit gehackter Petersilie garniert auftischen.

VARIANTE
Die Sauce kann mit in Streifen geschnittenen getrockneten Tomaten und/oder gewaschenen Salzkapern angereichert werden.

SCALOPPINE COI CAPPERI
Schnitzel mit Kapern

Hierfür wird traditionell Rindfleisch genommen. Wer es besonders fein mag, kann auch Kalb oder sogar Milchkalb nehmen (Garzeit entsprechend verringern).

ZUTATEN FÜR 4–5 PORTIONEN
1,25 kg Rinderschnitzel oder Kalbsschnitzel, 200 g Butter, 2 EL Olivenöl, Pfeffer aus der Mühle, Salz
AUSSERDEM: *etwas Mehl, 75–100 g gewaschene Salzkapern, reichlich*

gehackte Petersilie, 4 cl Essig (nach Geschmack auch mehr), etwa 125 ml Wasser

ZUBEREITUNG

Die Fleischscheiben von eventuellen Sehnen und überschüssigem Fett befreien – sie sollten möglichst gleich groß sein, deshalb die größeren Scheiben halbieren. Fleisch klopfen, mehlieren und anschließend portionsweise in einem Gemisch aus Butter und Öl beidseitig braten. Wenn das gesamte Fleisch gebraten ist, alle Scheiben in die Pfanne geben, die Kapern hinzufügen, mit Wasser ablöschen, Petersilie einarbeiten, salzen und pfeffern – Bratensatz vom Pfannenboden lösen und bei Bedarf noch etwas Wasser zugeben. Wenn die Sauce schön sämig ist, mit Essig abschmecken, noch eine Minuten kochen lassen und sofort servieren.

COSCETTA DI AGNELLO AL FORNO

Lammkeule aus dem Ofen

Ein Rezept aus der neueren Küche Neapels, das einem gewissen Ippolito Cavalcanti (1787–1859) zugeschrieben wird. Cavalcanti war Koch und Buchautor und gilt als einer *der* Mitbegründer der neapolitanischen Küche überhaupt (so stammt auch das bereits genannte neapolitanische Ragout von ihm). Dieses Rezept ist zwar stark von der Küche des Nordens (insbesondere der Toskana) beeinflusst, heute dennoch ein Klassiker der neapolitanischen Küche – mein Freund Mimmo bereitet es am liebsten zur Osterzeit zu.

ZUTATEN FÜR 4–6 PORTIONEN

1 Lammkeule (ca. 2 kg), 100 g Lardo (weißer Rückenspeck), 100 g Prosciutto crudo (Rohschinken), 2 Knoblauchzehen, 1 EL gehackte Petersilie, 300 g Zwiebeln, 800 g kleine Kartoffeln (festkochend und möglichst gleich groß), 150 g Schweineschmalz, Pfeffer aus der Mühle, Salz

ZUBEREITUNG

Lardo und Schinken in Stifte (2–3 cm lang und 0,5–1 cm dick) schneiden. Petersilie mit gehacktem Knoblauch, Pfeffer aus der Mühle und Salz vermischen, Speck und Schinkenstreifen in die Gewürzmischung tauchen und damit überziehen. Mit einem Spickmesser Einschnitte in die Lammkeule machen und diese mit den gewürzten Schinken- bzw. Speckstreifen spicken. Fleisch in einer Kasserolle mit reichlich Schmalz rundherum kräftig bräunen, dann geschälte Zwiebeln (ganz oder geviertelt) und Kartoffeln (vorzugsweise Babykartoffeln) dazugeben und ebenfalls anrösten. Salzen, Deckel auflegen und im heißen Ofen braten, bis die Kartoffeln und das Fleisch eine schöne Farbe haben (knapp 2 Stunden).

CAPRETTO CACIO E UOVA
Ziegenbraten mit Käse und Ei

ZUTATEN FÜR 4 PORTIONEN
1,5 kg Ziegenbraten (vorzugsweise Ziegenkitz), 400–500 g Erbsen, 4 Eier, 1 Zwiebel, 250 ml Weißwein, 75–100 g geriebener Käse (vorzugsweise Caciocavallo), ½ EL gehackte Petersilie, ½ Zitrone, 50 g Lardo, 75 g Schmalz, 1 EL Olivenöl, Pfeffer aus der Mühle, Salz

ZUBEREITUNG
Lardo fein würfeln, in einer Kasserolle wenig Schmalz erhitzen und den Lardo darin auslassen – auf kleiner Flamme die Erbsen (unter Zugabe von wenig Wasser) darin einige Minuten vorgaren.
Das Fleisch in 6–7 cm große Würfel schneiden. Öl und Schmalz in einen großen Bräter geben und die gehackten Zwiebeln in dieser Mischung andünsten, bis sei dunkelblond sind. Das gewürfelte Ziegenfleisch beifügen und bei mäßiger Hitze rösten; ab und an einen Schluck Wasser oder Wein dazugeben, damit das Fleisch nicht zu sehr austrocknet (Flüssigkeit aber immer wieder verdampfen lassen).
Nach ungefähr 30–45 Minuten die Erbsen (mitsamt der Kochflüssigkeit) dazugeben und alles weitere 15 Minuten ziehen lassen. Zwischenzeitlich die Eier in einer Schüssel verquirlen und mit geriebenem Käse, gehackter Petersilie, Pfeffer aus der Mühle und Salz vermischen. Alles in den Topf geben, kräftig umrühren, bis das Ei gestockt ist, dann nochmals gut vermischen und anrichten. Vor dem Servieren mit Zitronensaft beträufeln.

HINWEIS
Man kann den Wein auch weglassen und dafür mehr Zitronensaft nehmen.

CONIGLIO ALL'ISCHITANA
Kaninchen nach Ischia-Art

Ischia ist seit alters her für zwei Dinge berühmt: Thermen und guten Wein. Beides wurde bereits von den wohlhabenden Römern genutzt. Ersteres lockt bis heute zahlreiche zahlungskräftige „Patienten“ nach Ischia, der heute noch allgegenwärtige Weinbau die Gourmets. Doch diese kommen auch wegen der sogenannten „Grubenkaninchen“ nach Ischia. Hierbei handelt es sich zwar um gezüchtete Kaninchen, doch diese leben ohne Käfige in den Weinbergen, wo sie in unübersehbar vielen Gruben (es gibt Tausende von ihnen) hausen; diese Gruben entstanden, weil man die Erde für die Weinberge brauchte. Die Kaninchen sind zwar in den Gruben mehr oder weniger „eingesperrt“, können sich dort aber vollkommen frei bewegen und fast wie in freier Wildbahn gra-

ben, um unterirdische Gänge anzulegen. Zugefüttert werden nur heimische Kräuter und Pflanzen. Diese Kaninchen haben sich voll ihrem Lebensraum angepasst und wachsen in natürlicher Umgebung auf, was man dann tatsächlich auch an der Fleischqualität bemerkt.
Leider kommt es (wie so oft) immer wieder vor, dass einige Lokale Grubenkaninchen auf die Karte schreiben, aber einen normalen Stallhasen aus Käfighaltung verarbeiten. Genau genommen gibt es nur ein Lokal (und daher auch nur ein einziges Originalrezept) für Grubenkaninchen oder besser gesagt *coniglio di fossa*. Die Familie D'Ambra *(→ Lokaltipps: Il Focolare)* ist bekannt für diese Spezialität und nur dort sollte man sie auch kosten (nachgekocht werden kann das Rezept natürlich auch mit normalem Kaninchen, doch die schmecken eben etwas anders). Das hier angegebene traditionelle Familienrezept stammt von Signora Ielasi d'Ambra. Daneben gibt es noch viele andere Varianten, die unter gleichem Namen kursieren, doch ich finde den Klassiker immer noch am authentischsten.

ZUTATEN FÜR 4 PORTIONEN

1 mittelgroßes Kaninchen von ca. 1,5 kg, 15 geschälte und entkernte kleinere neapolitanische Tomaten (insgesamt etwa 800 g; ersatzweise Kirschtomaten nehmen), 4–5 Knoblauchzehen, 1 Glas sehr trockener Weißwein (vorzugsweise aus Ischia), 2 EL Schmalz, 100 ml Olivenöl extra vergine, einige Blätter Basilikum (und/oder Petersilie), Pfeffer aus der Mühle, Meersalz

ZUBEREITUNG

Das Kaninchen häuten, ausnehmen und die Innereien (samt Leber) beiseitelegen. Danach das Kaninchen sorgfältig unter fließendem Wasser spülen (insbesondere das Innere), abtrocknen, in Stücke zerteilen und gut trocken tupfen (man kann das Kaninchen auch 2 Stunden in kaltes Wasser mit Zitronensaft einlegen). Die gewaschenen Innereien portionieren, mit Basilikum oder Petersilie umwickeln und mit einem Zahnstocher fixieren; die Leber bleibt natur. Die Tomaten vierteln und in einem Sieb abtropfen lassen (Flüssigkeit auffangen).
In einer Terracotta-Form eine Mischung aus Öl und Schmalz erhitzen und die Knoblauchzehen darin andünsten. Wenn der Knoblauch hellbraun ist, diesen wieder entfernen und die Kaninchenteile nacheinander bei guter Hitze rundherum anbraten (nicht alle auf einmal!), bis sie schön gebräunt sind.
Nun die Kaninchenteile in die Mitte der Form schieben (sie dürfen ruhig eng zusammenliegen) und mit Wein beträufeln – nicht den gesamten Wein auf einmal, sondern immer nur wenig Wein angießen und warten, bis dieser verdunstet ist, bevor man weiteren dazugibt. Wenn der gesamte Wein verbraucht ist, die geviertelten Tomaten, die Kräuter-Innereien-Röllchen, Pfeffer und Salz zufügen. Gut 15–30 Minuten

köcheln lassen, bis die Sauce sämig-dicklich und glänzend ist. Dann die Leber sowie das gehackte Basilikum zufügen und noch 5 Minuten ziehen lassen; sollte die Sauce zu sehr eindicken, diese mit etwas Abtropfwasser von den Tomaten verdünnen.

HINWEISE

1. Eine Glaubensfrage spaltet Ischia in Sachen Kräuter – die oben genannte Version wird als die „östliche" Schule bezeichnet, weil sie nur Basilikum und Petersilie verwendet. In der westlichen Region der Insel nimmt man stattdessen lieber die würzigeren Kräuter Thymian und Majoran (hier wird das Kaninchen zuweilen sogar mit Knoblauch gespickt).
2. Wer ganz original kochen will, der reinigt den Darm (der Länge nach aufschneiden und anschließend auswaschen), umwickelt einen kleinen Bund Petersilie damit und gibt ihn (zusammen mit den Innereien-Röllchen) in die Sauce.
3. In manchen Rezepten wird Rotwein verwendet und auch zusätzlich mit Lorbeer, Rosmarin, Salbei, Sellerie und sogar Chili gewürzt – auch gut und lecker, mir aber zu viel des Guten, denn man schmeckt das herrliche Aroma der Grubenkaninchen nicht mehr wirklich heraus (aber für ein normales Kaninchen ergibt dies eine schmackhafte Sauce).

FRITTO MISTO
Gemischtes Frittiertes

Es ist sicher keine Übertreibung zu behaupten, dass in Neapel alles frittiert wird, was nicht bei drei auf den Bäumen ist. Egal ob Fisch, Fleisch, Gemüse oder Süßspeise, alles nur Erdenkliche wird in Öl ausgebacken und – ich habe es mehrfach erwähnt – bevorzugt mit den Fingern gegessen. Es gibt in Neapel verschiedene Techniken für das Ausbacken in Fett, zunächst einmal wird das Gargut so, wie es ist, einfach in heißem Öl frittiert, dann kennt man die traditionelle italienische Methode, bei der die küchenfertigen (und mundgerechten) Zutaten in Mehl gewendet und in Öl frittiert werden, weiters einen Backteig aus Mehl und Ei oder auch einen Backteig mit Hefe. Für einige Spezialitäten (vor allem für Leber und Sardinen) verwendet man auch eine Art Panier mit Semmelbröseln. Hier einige typische Beispiele:

CAPITONE FRITTO (Frittierter Aal)

Stücke von einem großen Aal in Mehl wenden und in heißem Öl goldbraun ausbacken, abtropfen lassen und mit Salz bestreut auftischen. Auf diese Weise werden auch Fritto misto di pesce mit kleinen Fischen und Meeresfrüchten sowie Sarde fritte *(➛ beide Bild gegenüber)* zubereitet.

OBEN: *Fritto misto di pesce*
UNTEN: *Sarde fritte*

ANIMELLE O CERVELLO FRITTO
(Frittiertes Bries oder Hirn)

Bries und Hirn küchenfertig vorbereiten, 2–3 Minuten in Salzwasser kochen, abtropfen lassen und in mundgerechte Stücke schneiden. In Mehl wenden, durch verquirltes Ei ziehen und in Öl frittieren. Vor dem Servieren abtropfen lassen und salzen.

ALGHE E CECINELLI FRITTI IN PASTELLA
(Algen und kleine Fische in Backteig)

250 g Mehl zusammen mit etwas Salz in eine Schüssel füllen, 1 Würfel Hefe (in etwas lauwarmem Wasser aufgelöst) dazugeben, alles gut vermischen und unter Zugabe von lauwarmem Wasser einen cremig-flüssigen Teig herstellen; Teig 10 Minuten verkneten, dann 1 Stunde rasten lassen. Wenn der Teig richtig aufgegangen ist, die kleinen Fische und die Algen durchziehen und in heißem Olivenöl knusprig frittieren.

FIORI DI ZUCCA FRITTI
(Frittierte Kürbisblüten)

Diesen Klassiker gibt es zur Saison fast überall in Neapel, er wird übrigens auch mit Zucchiniblüten zubereitet. Blütenstempel entfernen, Blüten abbrausen und vorsichtig trocken tupfen. Nach dem Rezept für Algen und kleine Fische einen Backteig (etwas flüssiger) herstellen, Blüten eintauchen und in heißem Öl oder Schmalz knusprig goldbraun frittieren (zweimal wenden). Abtropfen lassen und sofort leicht gesalzen genießen.

HINWEIS
Auf Mengenangaben habe ich hier bewusst verzichtet, denn die hängen davon ab, ob man das Rezept für einen kleinen Snack (meist 2–3 Stück berechnen; ca. 100 g), einen Imbiss (3–5 Stück; ca. 200–250 g) oder als Hauptspeise auftischt.

IMPEPATA DI COZZE
Muscheln im Sud

Dies ist – zumindest was Meeresfrüchte betrifft – so etwas wie das Nationalgericht der Neapolitaner und auf fast allen Speisekarten der Stadt genauso zu Hause wie in den Haushalten. An fast jeder Straßenecke findet man einen kleinen Stand, der nichts anderes verkauft als Miesmuscheln – so beliebt sind sie hier. Es gibt zwei Varianten: Bei der einen wird mit Peperoncino (→ *Glossar)* geschärft, bei der anderen mit Pfeffer aus der Mühle.

PRO PORTION
1 kg Miesmuscheln, 1 Peperoncino oder reichlich Pfeffer aus der Mühle, 2 EL gehackte Petersilie (nach Belieben), 1 Zitrone

ZUBEREITUNG
Die Muscheln bürsten, von den Bärten befreien und unter fließendem Kaltwasser waschen; bereits geöffnete Muscheln entfernen. Muscheln zusammen mit Peperoncino (wenn dieser gewählt wird) in einen Topf geben, erhitzen, bis alle Muscheln geöffnet sind. Muscheln durch ein Sieb abseihen, Sud dabei auffangen. Den geseihten Sud wieder in den Topf geben und alle geöffneten Muscheln ebenfalls (geschlossene entfernen). Alles weitere 3 Minuten kochen, dann mit Petersilie und Zitronensaft abgeschmeckt servieren – wurde kein Peperoncino verwendet, wird mit reichlich Pfeffer aus der Mühle gewürzt.

VONGOLE
Venusmuscheln

Vongole

In früheren Zeiten war die *vongola verace* (die echte Venusmuschel; sie ist größer und aromatischer als andere Vertreterinnen ihrer Art) im gesamten Golf von Neapel beheimatet. Durch hemmungslosen Raubbau und Krankheiten infolge von Umweltproblemen ist sie dann so gut wie ausgestorben – lediglich ein paar Muschelbänke konnten in den Tiefen des Golfs überleben. Mittlerweile hat sich die Lage wieder etwas gebessert, dennoch ist die *vongola verace* nach wie vor selten und extrem teuer.
Weil die niedrigen Erträge, die Nachfrage nicht befriedigen konnten, wurde, um den Engpass zu beseitigen, die ursprünglich von den Philippinen stammende *vongola gialla* (gerillte Venusmuschel) angesiedelt. Sie hat sich den hiesigen Bedingungen gut angepasst, gedeiht schnell und ist daher auch am weitesten verbreitet. Obwohl sie geschmacklich der *vongola verace* durchaus ähnelt, halten Kenner sie dennoch nicht für einen Ersatz.
Echte *vongole* werden mit wenig Tomate und Petersilie zu Spaghetti gegessen, aber wahre Muschelliebhaber mögen sie auch roh (mit etwas Zitronensaft) oder ganz einfach sautiert:
Für 4 Portionen 2 kg Venusmuscheln mindestens 4–5 Stunden in einer Schüssel mit Salzwasser einweichen, damit der gesamte Sand austritt. Die Muscheln in einen Topf mit etwas Olivenöl geben, stark erhitzen, 1 Minute kochen, dann abgießen. Erneut Olivenöl mit einer Knoblauchzehe erhitzen, Muscheln beifügen, Sud durch ein Sieb dazugießen und mit einem Glas Weißwein ablöschen. Bei mäßiger Hitze kochen, bis sich alle Muscheln geöffnet haben (nicht geöffnete wegwerfen). Mit Weißbrot auftischen.

Sardellen

ALICI O CECINELLI ALLA SCAPECE
Marinierte Sardellen oder Cecinelli

Grundsätzlich verstehen die Neapolitaner unter *cecinelli* kleine Fischchen, die gerade erst geschlüpft sind (ital. *neonati;* Neugeborene). Diese Delikatesse ist heute fast unerschwinglich, weshalb das Traditionsgericht zumeist mit den preiswerteren Sardellen zubereitet wird.
Es gibt verschiedene Zubereitungstechniken für diesen Klassiker. Einmal werden die Fische vor dem Marinieren in Mehl gewendet und frittiert, ein anderes Mal kurz in Salzwasser gekocht und schließlich einfach mitsamt der Marinade 15 Minuten im Ofen gegart. Welche Technik man wählt, hängt davon ab, wann man sie essen will – frittiert oder vorgekocht halten sie natürlich länger. Aber aromatischer finde ich die Variante aus dem Ofen, weshalb ich diese hier anführe.

ZUTATEN FÜR 4 PORTIONEN
1 kg frische Sardellenfilets (küchenfertig ohne Kopf und Gräte), 2–6 Knoblauchzehen (je nach Geschmack), 2–3 EL gehackte Petersilie, 1–2 EL Oregano (auch mehr, wenn es beliebt), 2–3 EL Weißweinessig, 8–10 EL Olivenöl extra vergine, Pfeffer aus der Mühle, Salz

ZUBEREITUNG
Eine feuerfeste Form aus Keramik mit Olivenöl ausgießen, die Fische hineinschichten. Restliches Olivenöl mit Essig, gehackter Petersilie, reichlich Oregano, gehacktem Knoblauch, Pfeffer und Salz zu einer Marinade verrühren, die über die Fische gegossen wird. Im heißen Backofen 12–15 Minuten bei 180 °C backen; warm, lauwarm oder kalt auftischen.

PESCE SPADA ORIGANATO
Gegrillter Schwertfisch mit Oregano

Man mag es kaum glauben, aber Neapel hat – obwohl das Meer vor der Haustüre liegt – keine variantenreiche Fischküche. Größere Fische (z. B. Thunfisch oder – wie hier – Schwertfisch) oder auch kleinere Portionsfische (Dorade, Wolfsbarsch etc.) werden wie im Altertum *(➛ Toronischer Fisch, S. 24)* einfach über nicht zu heißer Glut gegrillt und maximal mit Salz und Oregano gewürzt – basta così! Es hat in dieser Region in den letzten Jahrtausenden keine Entwicklung von Fischrezepten gegeben.

PRO PORTION
1 etwa 1,5–2 cm dicke Scheibe Schwertfisch (Schwertfischsteak) von ca. 200–250 g, Oregano nach Belieben, Olivenöl extra vergine, Meersalz

GEGENÜBER:
Pesce spada origanato

ZUBEREITUNG
Den Fisch beidseitig zart salzen, mit Olivenöl einreiben und über nicht zu heißer Glut beidseitig grillen, bis er eine schöne hellbraune Farbe hat (wichtig ist, dass der Fisch bei der richtigen Hitze gart, sonst ist er entweder außen knusprig und innen roh oder das Fleisch ist – wenn es zu lange gart – nach dem Grillen nicht saftig, sondern trocken). Fischsteak anrichten, mit Oregano bestreuen, Olivenöl darüberträufeln und mit einer halbierten Zitrone auftischen – so einfach, so köstlich!

Bandiera (Fahnenfisch)

PESCE ALL'ACQUA PAZZA
Fisch in pikanter Sauce

Auch wenn heute Fischlokale das eine oder andere „neumodische“ Rezept anbieten, so ist das nicht authentisch. Nahezu krampfhaft wird versucht, der neapolitanischen Küche irgendwelche Fischrezepte zuzuordnen, doch es stellt sich meist heraus, dass diese aus Griechenland, Sizilien, Genua, Venedig oder sogar Südfrankreich importiert wurden. Somit bleibt diese Rezeptur – bei der einmal mehr die Tomate eine wesentliche Rolle spielt – wahrscheinlich auch weiterhin die Einzige.

ZUTATEN FÜR 4 PORTIONEN
1 Meeresfisch von ca. 1 kg (Bandiera, Dorade, Wolfsbarsch o. Ä.), 6 San-Marzano-Tomaten (➛ Glossar), 2–4 Knoblauchzehen, 1 rote Chilischote, 1 Bund Petersilie, 100 ml Olivenöl extra vergine, Meersalz

ZUBEREITUNG
Den küchenfertigen Fisch in einen geeigneten Topf legen. Halbierte Tomaten, geschälte und in Scheiben geschnittene Knoblauchzehen, Chilischote, gehackte Petersilie, Öl und Salz dazugeben und auf kleiner Flamme erhitzen – der Fisch sollte mehr oder weniger im eigenen Dampf garen und nicht wirklich kochen (deshalb sollte man den Topf fest verschließen; Ränder mit Alufolie abdichten).
Den fertigen Fisch aus dem Topf heben, auf einer Platte anrichten und mit der Sauce übergossen servieren.

HINWEIS
Dieses Grundrezept ist auch Ausgangsprodukt für viele gehaltvollere Fischeintöpfe, z. B. mit gemischten kleinen Fischen (Sardinen, Barben etc.), Fischsteaks (von Wolfsbarsch, Dorade, Knurrhahn etc.) und/oder Meeresfrüchten (Muscheln, Seppie, Garnelen, Heuschreckenkrebse etc.). Man kann den Eintopf natürlich auch mit verschiedenen Gemüsen, Hülsenfrüchten, Kräutern, Gewürzen, Wein, Essig und/oder Zitronen anreichern – je nach Lust und Laune darf der Fantasie freier Lauf gelassen werden.

da Dora
Tony

Dora
MAGGIO

INSALATE, VERDURE, UOVE E MINESTRE

SALATE, GEMÜSE, EIERGERICHTE UND GEMÜSEEINTÖPFE

Die Gemüseküche hat am Golf von Neapel eine lange Tradition und fällt dementsprechend vielfältig aus (vor allem verglichen mit anderen Zutaten). Auch in diesem Bereich dominiert natürlich die Tomate, wenngleich die Aubergine viel typischer und traditioneller ist. So stammt beispielsweise der Klassiker Melanzane alla parmigiana *(➛ Rezept S. 118)* nicht – wie man meinen könnte – aus Parma, sondern tatsächlich aus Neapel.
Lange bevor die Neapolitaner ihre Liebe zu Pizza und Pasta entdeckten, waren Hülsenfrüchte, Gemüse und Eierspeisen das charakteristische Merkmal der regionalen Küche – das brachte den Bewohnern und Bewohnerinnen der Stadt auch den Beinamen *mangiafoglia* (Blattgemüse-Esser) ein. Sowohl Hülsenfrüchte als auch Blattgemüse werden bis heute bevorzugt in deftigen Eintöpfen verkocht, die vor allem im Winter Kraft und Wärme spenden (noch heute haben viele Haushalte in Neapel keine Heizung).
Gemüse wurde seit alters her mit verschiedenen „Beilagen" kombiniert. Früher waren dies meist Käse, Eier und/oder Wurstwaren, heute sind es auch Fische und Meeresfrüchte. Am berühmtesten ist sicherlich der Insalata caprese, jener Salat aus reifen Tomaten, Büffelmozzarella und Basilikum, der die Italiener – vor allem diejenigen, welche fern ihrer Heimat wohnen – immer an ihr Land erinnert, erscheint er doch in den Landesfarben auf dem Teller.

ANTIPASTI CON MOZZARELLA

Vorspeisenteller mit Mozzarella

Genau genommen handelt es sich hierbei weder um einen Salat noch um einen italienischen Vorspeisenteller, sondern vielmehr um eine Mischform aus beidem. Man nimmt einen größeren Teller und kleidet ihn mit frischen grünen Salatblättern aus. Dann kommt eine schöne Kugel Büffelmozzarella (ca. 150 g) darauf. Garniert wird mit Thunfisch (in Olivenöl), grünen Oliven, Tomatenscheiben, Gurken und Kapern.

GEGENÜBER:
Antipasti con mozzarella

HINWEIS
Unter der Bezeichnung Prosciutto & Mozzarella firmiert eine einfache Vorspeise, bei der eine Kugel Mozzarella mit einigen Scheiben dünn aufgeschnittenem Rohschinken garniert aufgetischt wird.

INSALATA CAPRESE
Tomaten-Mozzarella-Basilikum-Salat

Für 4 Portionen 4 große und reife Tomaten sowie 400–500 g Büffelmozzarella in Scheiben schneiden und anschließend in einer Schüssel oder auf einer Platte abwechselnd anrichten (die Scheiben sollten überlappen). Kleine frische Basilikumblätter dazwischenstecken (am besten jeweils zwischen eine Tomaten- und eine Mozzarellascheibe) oder auch – das wäre ursprünglicher – alles mit Oregano bestreuen (oder auch mit Basilikum und Oregano würzen). Leicht salzen, pfeffern und mit viel Olivenöl übergossen auftischen.

CAPONATA NAPOLETANA
Brot-Gemüse-Salat

Diese klassische Caponata aus Neapel wird roh genossen und kann nach Herzenslust mit zahlreichen weiteren Zutaten abgewandelt werden: Sardellen, Thunfisch in Olivenöl, Oliven, Sellerie, Zwiebeln, hart gekochte Eier u. v. m. Bei den Freselle handelt es sich um spezielle harte Brotkringel *(→ Glossar)*.
Für 4 Portionen 4 Freselle aus Mehrkorn mit Wasser benetzen, dick mit Knoblauch bestreichen und in vier große Schüsseln legen. 500 g reife Tomaten hacken und auf den Freselle verteilen, reichlich Olivenöl darübergießen und mit Oregano bestreuen. Eine halbe Stunde ruhen lassen, dann nach Herzenslust belegen.

Insalata di gamberi al vapore

INSALATA DI GAMBERI AL VAPORE
Salat aus gekochten Garnelen

Eine Spezialität aus Sorrento, das für seine aromatischen Zitronen berühmt ist:
Pro Person eine große Handvoll kleinere Garnelen (vorzugsweise aus dem Golf von Neapel) dämpfen, bis sie eine schön rosarote Farbe angenommen haben, oder auch kurz in Salzwasser garen. Abtropfen lassen und mit Olivenöl, Salz und Zitronensaft marinieren. Vorzugsweise auf gegrillten Zitronenblättern anrichten (wer mag, schält die Garnelen vor dem Servieren).

OBEN: *Insalata caprese*
UNTEN: *Melanzane alla parmigiana* (➛ S. 118)

Polpi im Sud

INSALATA DI POLPI ALLA LUCIANA

Pulpo-Salat Santa Lucia

Santa Lucia ist der ehemalige Fischereihafen von Neapel (rund um einen im Meer gelegenen Felsen, auf dem die Burg Ovo steht), den wohl jeder aus gleichnamigem Lied kennt – unvergessen die Aufnahmen von Enrico Caruso (1935) und Giuseppe di Stefano (1944). Heute liegen hier nur mehr wenige Fischerboote, dafür aber die Jachten reicher Neapolitaner. Rund um den Hafen haben sich einige gute Restaurants angesiedelt.

ZUTATEN FÜR 4 PORTIONEN

5–6 kleine Kraken (jeweils etwa 200–300 g schwer), 1–2 Knoblauchzehen, 100–125 ml Olivenöl, gehackte Petersilie, Zitronen, Pfeffer, Meersalz

ZUBEREITUNG

Die Kraken gründlich waschen, anschließend in einem Tontopf mit einem Glas kräftigem Salzwasser (idealerweise Meerwasser) zum Kochen bringen und 45–60 Minuten garen. Die Kraken abgießen, in kleine Stücke schneiden und mit Öl, Zitronensaft, gepresstem Knoblauch, gehackter Petersilie und Pfeffer aus der Mühle marinieren. Durchziehen lassen, dann lauwarm oder kalt auftischen.

MELANZANE ALLA PARMIGIANA / PARMIGIANA DI MELANZANE

Auberginengratin

Heute ist dies einer der absoluten Klassiker der italienischen Küche und wird zumeist als Vorspeise gereicht, man kann das Gratin aber auch als Beilage für Fleischgerichte servieren oder sogar (zusammen mit einem Salat) als sommerliche Hauptspeise.

Es gibt zwei ganz unterschiedliche Philosophien bei der Zubereitung: Die eine Gruppe ist der Ansicht, dass man eine absolut fettfreie Tomatensauce dafür braucht, die dann zusammen mit den Auberginen und dem Käse aufgeschichtet wird. Die andere Gruppe – zu der auch mein Kochkollege und Freund Antonio Scarpati, seines Zeichens Chefkoch im Grandhotel Santa Lucia, gehört – ist wiederum der Meinung, dass die Tomatensauce sehr wohl mit Fett zubereitet werden sollte (um geschmacklich ausgewogener zu sein) und auch nicht mit in den Auflauf geschichtet werden dürfe, damit die zuvor knusprig frittierten Auberginen nicht aufweichen.

Ich habe beide Versionen ausprobiert und festgestellt, dass beide wirklich hervorragend munden, nur die Tomatensauce mit etwas Olivenöl war tatsächlich runder im Geschmack. Weil das „Hausfrauenrezept"

(Variante 1) nicht nur traditioneller, sondern auch einfacher nachzukochen ist, habe ich mich für dieses entschieden.

ZUTATEN FÜR 4 PORTIONEN

4 mittelgroße Auberginen, Weizenmehl nach Bedarf, Olivenöl zum Frittieren
FÜR DIE SAUCE: *1 Dose geschälte Tomaten, ½ Bund frisches Basilikum, Salz, evtl. Olivenöl und 1 Knoblauchzehe zum Verfeinern*
AUSSERDEM: *300–400 g Büffelmozzarella, 75–100 g geriebener Käse (Parmigiano Reggiano, Grana Padano oder auch Caciocavallo, ➛ Glossar)*

ZUBEREITUNG

Die Auberginen schälen, der Länge nach in dünne Scheiben schneiden, diese gut salzen, dann zwischen zwei große Teller legen und mit einem Gewicht beschweren, damit der bittere Saft ausgepresst wird. Die Auberginen nach einer halben Stunde in ein Sieb geben und abtropfen lassen.
Zwischenzeitlich die Tomaten hacken und in einer Pfanne 10 Minuten kräftig verkochen lassen. Sauce durch ein Sieb streichen, salzen und das Basilikum einlegen, damit die Sauce das Aroma aufnehmen kann – ich verfeinere mit einem Schuss Olivenöl und einer gepressten Knoblauchzehe.
Den Mozzarella in Scheiben schneiden, parat halten.
Die gut abgetrockneten Auberginenscheiben werden nun in Mehl gewendet und nacheinander partienweise in Olivenöl beidseitig goldbraun frittiert; fertige Scheiben auf Küchenpapier abtropfen lassen.
Eine Auflaufform mit Olivenöl ausstreichen oder mit Butter einfetten. Dann eine Lage Auberginen einschichten, etwas Tomatensauce (ohne das Basilikum) darauf verteilen und mit Mozzarellascheiben belegen – auf diese Weise fortfahren bis zur letzten Schicht. Nach der letzten Auberginen-Lage kommt zuerst der Mozzarella, dann die Tomatensauce, mit welcher der gesamte Auflauf bedeckt wird. Zum Abschluss eine dicke Schicht geriebenen Käse darüberstreuen.
Den Auflauf im vorgeheizten Backofen bei 180 °C backen, bis die Käseschicht knusprig und kräftig goldbraun ist (etwa 45–60 Minuten; wird die Kruste zu früh zu dunkel, mit Alufolie abdecken). Den Auflauf mit frischem Basilikum dekoriert auftischen.

TIPP

Antonio gibt auch noch einen Schuss Rotwein in seine Tomatensauce und würzt zusätzlich mit einem Lorbeerblatt sowie etwas Zwiebel, der zuvor in 1 EL Schmalz angedünstet wurde. Darüber hinaus wird die fertige Tomatensauce mit etwas Olivenöl verfeinert. Aber: Antonio serviert die Tomatensauce extra, denn er schichtet nur Auberginen und Käse übereinander, bäckt das Gratin im Ofen und übergießt das Ganze erst kurz vor dem Servieren mit der Tomatensauce.

OBEN: *Insalata di polpi alla luciana* (➛ S. 118)
UNTEN: *Peperoni in padella*

FRIARIELLI SOFFRITTI
Gedünsteter Rübstiel

Friarielli, noch ungekocht

Bei den Friarielli handelt es sich um das omnipräsente Gemüse in der neapolitanischen Küche. Man findet es an jedem Marktstand, es wird in jedem Haushalt verkocht, es bildet die Standardbeilage zu allem kurzgebratenen Schweinefleisch (vor allem zu Salsicce, ➛ *Glossar*), und schließlich ist es auch noch als Glaskonserve im Handel erhältlich – kurzum: Es ist das Lieblingsgemüse der Neapolitaner schlechthin.
Es handelt sich hierbei um ein typisches Blattgemüse, das im Italienischen *cima di rapa* heißt, auf Deutsch Rübstiel. Rübstiel ist mit Senf, Rettich, Kresse und Kohl verwandt und hat einen fein-säuerlichen Geschmack. Für gewöhnlich gibt man ihn herzhaften Eintöpfen bei, in Neapel wird er auch gedünstet.

ZUTATEN FÜR 4 PORTIONEN
1,5 kg Friarielli, 2–4 Knoblauchzehen, 1–2 scharfe Chilischoten (nach Belieben auch weglassen), 100–125 ml Olivenöl oder Schweineschmalz, Salz

ZUBEREITUNG
Das geputzte, gewaschene und abgetrocknete Gemüse in einen Topf mit heißem Olivenöl geben, in dem zuvor Knoblauch und Chili angedünstet wurden, leicht salzen. Bei schwacher Temperatur zugedeckt im eigenen Saft köcheln lassen, von Zeit zu Zeit umrühren. Wenn das Gemüse fast gar ist, den Deckel abnehmen und die Flüssigkeit verdunsten lassen.

PEPERONI IN PADELLA CON POMODORO
Gedünstete Paprikaschoten mit Tomaten

ZUTATEN FÜR 4 PORTIONEN
1 kg kleine grüne Paprikaschoten, 350 g geschälte Tomaten, 2–4 Knoblauchzehen, Rapsöl oder Sonnenblumenöl

ZUBEREITUNG
Die ganzen Paprikaschoten in reichlich Öl frittieren, anschließend beiseitestellen.
Nahezu alles Öl abgießen und im restlichen Öl die gehackten Knoblauchzehen andünsten. Die geschälten und in Stücke geschnittenen Tomaten hineingeben und unter ständigem Rühren kochen lassen; nach etwa 10 Minuten salzen. Paprika in die Tomaten geben und mitkochen, bis keine Flüssigkeit mehr vorhanden ist – sofort mit Weißbrot servieren.

Finta trippa

FINTA TRIPPA CON POMODORO

Falsche Kutteln mit Tomaten

Wegen ihrer Ähnlichkeit mit Kutteln haben diese Pfannkuchenstreifen in Tomatensauce ihren Namen erhalten.

ZUTATEN FÜR 6–8 PORTIONEN

12 Eier, 6 EL geriebener Käse (Parmesan), 1–2 große EL Mehl, 1 guter Schuss Milch, Pfeffer aus der Mühle, Salz, Öl oder Schweineschmalz zum Ausbacken

AUSSERDEM: 1 l klassische Tomatensauce *(➛ O tre Garibaldi, S. 47)*, 1 gepresste Knoblauchzehe

ZUBEREITUNG

Die Eier mit der Milch verrühren, dann etwas Käse und das Mehl einarbeiten, salzen und pfeffern. In einer Pfanne mit wenig Fett kleine, dünne Pfannkuchen ausbacken. Die fertigen Pfannkuchen aufrollen und in schmale Streifen schneiden.

Die fertige Tomatensauce aufkochen, mit Knoblauch (und evtl. einer Prise Zucker) würzen, vom Herd nehmen und die Pfannkuchenstreifen 3–5 Minuten darin ziehen lassen. Auf Tellern anrichten und mit reichlich Käse bestreut auftischen. Nach Belieben kann mit frischem Basilikum garniert werden.

FRITTATA DI FRIARIELLI

Omelette mit Friarielli

Omelettes aller Art werden in Neapel sehr gerne gegessen, man kennt sie mit Zwiebel, Tomate, Paprika u. v. m. Natürlich gibt es bei den *mangiafoglia* auch eine Variante mit dem Lieblingsgemüse Friarielli *(➛ Glossar)*.

ZUTATEN FÜR 6–8 PORTIONEN

12 Eier, 1,5 kg Friarielli, 1–2 Knoblauchzehen, 100 g geriebener Parmesan, 100 g geriebener Pecorino (➛ Glossar), Öl, Pfeffer aus der Mühle, Salz

ZUBEREITUNG

In einer großen Schüssel die Eier mit dem Parmesan und dem Pecorino verrühren, salzen und pfeffern. In der Zwischenzeit die harten Stiele der Friarielli entfernen, die Blätter in Salzwasser blanchieren, abgießen und gut ausdrücken.

In einer Kasserolle Öl erhitzen, den Knoblauch darin andünsten und herausnehmen, wenn er braun ist. Die Friarielli hineingeben und zugedeckt im Knoblauchöl weich dünsten; wenn die Blätter gar sind, herausheben und in die Schüssel zum Ei geben. Alles gut vermengen.

Öl in einer großen Pfanne erhitzen, das Eier-Gemüse-Gemisch dazugeben und glatt streichen. Auf kleiner Flamme backen, dabei mehrmals wenden und bei Bedarf frisches Öl dazugeben. Wenn die Omelette von beiden Seiten gut gebräunt ist, diese auf einer Platte anrichten, in Tortenecken schneiden und auftischen.

OMELETTE AL FIORDILATTE

Omelette mit Kuhmilch-Mozzarella

ZUTATEN FÜR 4 PORTIONEN

8 Eier, 200 g Mozzarella aus Kuhmilch (natürlich kann man auch Büffelmozzarella nehmen), 2–3 EL geriebener Caciocavallo (➛ Glossar) oder Parmesan, frisches Basilikum, Olivenöl, Pfeffer aus der Mühle, Salz

ZUBEREITUNG

Die Eier in eine Schüssel aufschlagen und mit dem geriebenen Käse verrühren; salzen und pfeffern. In einer Pfanne Öl erhitzen und den Eierteig hineingießen. Sobald der Teig unten zu stocken beginnt, den gewürfelten Mozzarella darüberstreuen und zu einer Omelette aufrollen. Auf ganz schwacher Flamme einige Minuten nachziehen lassen, damit der Käse im Inneren schmelzen kann. Käseomelette in Scheiben schneiden, pfeffern, mit Basilikumblättern garnieren und genießen.

Kuhmilch-Mozzarella

ZUPPA DI SPULLECARIELLI

Suppe mit frischen Bohnen

Enthülste frische Bohnen werden im neapolitanischen Volksmund *spullecarielli* genannt.

ZUTATEN FÜR 4 PORTIONEN

1,5 kg frische Bohnen, 250 g frische Tomaten (geschält), 1–2 Stangen Staudensellerie, 2–4 Knoblauchzehen, 1–2 Peperoncini (scharfe vom Vesuv, ➛ Glossar), frisches Basilikum, Oregano, 100 ml Olivenöl, Salz

ZUBEREITUNG

Die Bohnen enthülsen und die Kerne (es bleiben ca. 750 g) etwa 2 Stunden zusammen mit etwas Sellerie kochen (die Bohnen sollten immer knapp mit Wasser bedeckt sein).

Zwischenzeitlich in einem zweiten Topf Öl erhitzen, zerdrückten Knoblauch und gehackte Peperoncini darin andünsten (für weniger Schärfe kann man den Chili auch als ganze Schote hineingeben und diese, wenn sie braun ist, wieder entfernen). Tomaten und Basilikum zugeben, salzen und 5 Minuten kochen lassen.

Reginella
Reginella
Reginella

Wenn die Bohnen fast gar sind, die vorbereitete Tomatensauce dazugießen und gut untermischen. Mit Oregano würzen, nachsalzen und noch einige Minuten ziehen lassen. Mit getoastetem Weißbrot auftischen.

TIPP
Die Suppe wird gerne mit klein geschnittenem gerösteten Bauchspeck (Pancetta) verfeinert.

HINWEISE
Auf ganz ähnliche Art wird in Neapel auch eine Bohnensuppe (Minestra di fagiolini) zubereitet, nur würzt man diese mit Petersilie statt mit Basilikum. Nicht selten wird ein Teil der Bohnen püriert, um die Suppe anzudicken, und die Suppe zusätzlich mit *al dente* gekochter Pasta corta (kurzer Pasta) angereichert – dies ist dann die neapolitanische Variante der Pastafagioli *(vgl. hierzu den Band „Friaul genießen", Rezept S. 43)*. Mitunter wird diese Minestra in Neapel auch mit Kichererbsen zubereitet.

MINESTRA DI LENTICCHIE
Linsensuppe

ZUTATEN FÜR 4 PORTIONEN
350 g Linsen, 2 geschälte Tomaten (Dose), 1–2 Knoblauchzehen, 2 EL gehackte Petersilie, 100–125 ml Olivenöl, Salz

ZUBEREITUNG
Die gewaschenen und verlesenen Linsen bei mäßiger Hitze halb zugedeckt gar kochen. Dann die gehackten Tomaten und den mit Salz zerdrückten Knoblauch dazugeben. Das Öl einrühren, noch weitere 20 Minuten köcheln lassen und schließlich mit gehackter Petersilie verfeinern (ist die Suppe zu dick, mit etwas Wasser verdünnen). Mit Salz abschmecken.

MINESTRA DI RISO CON VERZE
Reis-Wirsing-Eintopf

ZUTATEN FÜR 4 PORTIONEN
1,5 l Fleischbrühe, 350 g Reis, 400 g Wirsing (Kohl), 1 große Zwiebel, 125 g Pancetta (Bauchspeck), 75 g geriebener Parmesan und/oder geriebener Pecorino, 2 Stück Parmesan-Krusten (etwa 10 x 10 cm groß), Weißwein, Olivenöl, Salz

ZUBEREITUNG
Zwiebel fein hacken, Bauchspeck klein würfeln und beides in einer

Kasserolle in etwas Olivenöl andünsten. Wenn die Zwiebeln goldgelb sind, mit einem Glas Weißwein ablöschen, kurz einkochen lassen, dann die Hälfte der Brühe dazugießen und alles zum Kochen bringen.
Den gewaschenen und grob gehackten Wirsing sowie die beiden Parmesankrusten beifügen und bei geschossenem Topf köcheln lassen. Nach einer halben Stunde den Reis dazugeben und unter ständigem Rühren in der Suppe garen, dabei nach und nach die restliche Fleischbrühe dazugießen (aufpassen, dass der Reis sich nicht anlegt).
Wenn die gesamte Brühe aufgebraucht ist und der Reis die meiste Flüssigkeit aufgesogen hat, ist der Eintopf fertig und wird mit Salz abgeschmeckt. Vor dem Servieren mit reichlich Parmesan und/oder Schafkäse bestreuen.

MENESTRA MARETATA / MINESTRA MARITATA

Eintopf „Maritata"

Zum Schuss des Kapitels eines der besten und zurecht berühmtesten Rezepte Neapels, das traditionell immer im Winter gegessen wird – wenn man sich die reichhaltigen Zutaten ansieht, wird schnell klar, dass das kein Sommergericht ist. Am 26. Dezember (Giorno di Santo Stefano/Stephanitag) wird die Suppe fast immer gereicht, zum einen um die Seelen der teilnehmenden Esser zu reinigen, zum anderen aber auch als – ausnahmsweise einmal nicht fleischlose – Armenspeise, die von der Kirche und (sozial eingestellten) Reichen ausgegeben wurde, um den Hungerleidenden durch die kalte Jahreszeit zu helfen. Auch zu Ostern wird in Neapel sehr oft Maritata gegessen.
Der Name „Hochzeitssuppe" bezieht sich in diesem Fall nicht auf die Heirat, sondern auf die besonders gute Harmonie von Gemüse und Fleisch, die hier eine ideale Verbindung eingehen.
Im ländlichen Kampanien ist man der Ansicht, dass der Eintopf nicht nach Neapel gehört, sondern in die rustikale Küche des Landes. Tatsächlich ist der Eintopf für neapolitanische Verhältnisse unüblich üppig und schmeckt nur dann wirklich authentisch, wenn man ihn erstens in sehr großen Mengen zubereitet und zweitens wirklich stundenlang kochen lässt. Beides Attribute, die nur selten auf die neapolitanische Küche zutreffen.
Betrachtet man aber die Zutaten genauer, dann fällt auf, dass die Herkunft des Eintopfes weder in Neapel noch in Kampanien zu finden ist: Herzstück dieser gehaltvollen Suppe sind die sogenannten *nnoglie*, kleine pikante Würstchen aus gepökeltem Schweinefleisch im Naturdarm und mit deutlichem Fenchelaroma. Ersatzweise kann man kleine Salsicce *(➛ Glossar)* oder sogar eine kleine Cotechino *(➛ Glossar)* nehmen und mit Fenchel würzen. Daneben dürfen andere (preiswerte)

Fleischteile, etwa Schweineschwarte, Schweineschwänzchen und Schinkenknochen, genauso wenig fehlen wie Rindfleisch, Huhn und verschiedene Gemüsesorten – nur mit dieser reichhaltigen Mischung erhält man einen authentischen Eintopf. Die Zutaten erinnern bei genauerer Betrachtung an die Olla potrida (verfaulter Topf) der Spanier, und tatsächlich ist diese auch der Ursprung des Gerichts und kam während der spanischen Herrschaft nach Neapel. Früher wurde die Maritata (ähnlich wie die Olla potrida) mit Kichererbsen und später auch mit Bohnen zubereitet, mit der Zeit ersetzte man diese aber durch das in Neapel so beliebte Blattgemüse.
Von der *mmaretata,* wie dieser Eintopf im neapolitanischen Dialekt genannt wird, gibt es mittlerweile Hunderte Versionen. Ippolito Cavalcanti empfahl z. B. folgende Zutaten: „ein Stück fettes Rindfleisch, einen gefüllten Kapaun, ein Huhn, eine Wurst, eine Gebärmutter von einer Sau (erinnert an Apicius, A. d. A.), 4 Stück Cervelatwürste (Hirnwürste), 1 großes Stück Käse, 1 Knochen, Gewürze und beliebiges Gemüse". Auch wenn man all diese Zutaten tatsächlich erhalten sollte, wird der Eintopf wohl nicht jedermanns/frau Geschmack sein. Daher hier ein abgewandeltes, etwas moderneres, aber dennoch ziemlich authentisches Rezept, bei dem deutlich wird, warum dieses Gericht auch Pignato grasso, fetter Topf, genannt wird. Der *pignato* ist ein typisch neapolitanischer Topf, vorzugsweise aus Terracotta, dem nachgesagt wird, dass er besonders gut geeignet sei, Speisen einzukochen und das „Fett" zu speichern. Er hat seinen Namen wahrscheinlich vom lateinischen Wort *pinguis* für Fett.

ZUTATEN FÜR 8–10 PORTIONEN

1 Schinkenknochen mit vielen Fleischresten, ½ frische Schweinemaske, 500 g Schweineohr, 2 Schweineschwänzchen, 400 g Schweineschwarten, 400 g nnoglie (➛ Glossar, oder pikante Salsicce), 1 kg Schweinerippen, 1 kg Rindfleisch (eher fettes Suppenfleisch auswählen), 1 kleines Suppenhuhn, 500 g kleine Chicoréestauden, 1 kg Endivienstauden, 1 mittelgroßer Wirsing (Kohl), 400–500 g Borretsch, 200 g Käserinden vom Parmesan, 200–250 g würziger Caciocavallo (➛ Glossar) in Würfeln von 1,5–2 cm Seitenlänge, Pfeffer aus der Mühle, Salz

ZUBEREITUNG

Den Schinkenknochen in kaltem Wasser aufsetzen, aufkochen lassen, dann das Wasser abgießen und durch frisches Wasser ersetzen (wenn der Geschmack nicht so extrem sein soll, den Vorgang noch ein- oder zweimal wiederholen).
Nun einen großen Topf mit Wasser aufsetzen, Schinkenknochen darin 1 Stunde kochen, dann Rindfleisch, Schweinemaske, Schweineohren, Schweineschwarte, Schweinerippen und Schweineschwänzchen dazugeben, eine weitere Stunde kochen lassen, nun das Huhn beifügen und noch eine Stunde kochen. Danach die Brühe auskühlen lassen.

In der Zwischenzeit das gesamte grob gehackte Gemüse in einem zweiten Topf in leicht gesalzenem Wasser einmal aufkochen lassen, dann abgießen und gut ausdrücken, damit die gesamte Flüssigkeit austritt.
Auf der etwas abgekühlten Fleischbrühe hat sich nun das Fett oben abgesetzt – genau dieses wird nun gebraucht (für dieses Gericht braucht man wirklich nur das ausgekochte Fett und nur wenig von der Brühe)! Das Fett sorgfältig abschöpfen und zusammen mit dem Gemüse in einen Topf füllen (am besten in einen Tontopf mit Deckel, z. B. Römertopf). Nun die *nnoglie,* die Käserinde und einen großen Schöpfer Brühe beifügen. Deckel auflegen und mehrere Stunden im Ofen bei milder Hitze schmoren lassen (oder mehrere Stunden am Herd bei niedrigster Flamme, dabei ab und zu umrühren).
In der Zwischenzeit Rindfleisch und Schweinemaske würfeln, die Schweineohren und Schwarte in Streifen schneiden, die Rippchen in Portionen teilen und die Schweineschwänzchen in Stücke schneiden – wer mag, löst auch etwas Fleisch vom Schinkenknochen ab (das Suppenhuhn kommt eigentlich nicht mehr dazu, wer will, kann auch noch das ausgelöste Hühnerfleisch beifügen).
Kurz bevor der Eintopf fertig ist, das Fleisch hineingeben und gut untermischen. Die Käsewürfel unterheben, das Ganze noch eine gute halbe Stunde am Herd köcheln lassen, schließlich mit Pfeffer aus der Mühle und Salz abschmecken und auftischen. Dazu reicht man geriebenen Käse und geröstetes Weißbrot.

TIPP

Man kann die Suppe zusätzlich mit einem Bund Kräuter oder einem Bouquet garni verfeinern, aber das ist geschmacklich eigentlich gar nicht notwendig.

HINWEIS

Für die Weihnachtsvariante gibt es auch noch eine etwas „schlankere" Version, die „nur" aus Schinkenknochen, 500 g Rindfleisch, 500 g Schweineschwarte, 300 g Endivien, 300 g Chicorée, 300 g Borretsch, 1 Karotte, 1 Stange Staudensellerie, 1 Zwiebel, 2 San-Marzano-Tomaten *(➛ Glossar),* 1 Bund Petersilie, 200 g Pecorino in Würfeln *(➛ Glossar),* 1 Stück Käserinde, Pfeffer und Salz hergestellt wird – die Zubereitung bleibt gleich.

Mister X
FASHION WOMAN
AL KILO
1.20
PISELLI
AL KILO
E. 1.20
AL KILO
E. 1.20
AL KILO
E. 1.20

Università del
Regno dei Vini
di Santarpia Salvatore
Gragnano (Na)
Divinum
Gragnano D.O.C.
2008
Coca-Cola

Trattoria Titina e Ge
Menu Turistico
€10,00

DOLCI, FRUTTI E LIQUORI

SÜSSES, FRÜCHTE UND LIKÖRE

Auch wenn die Kaffeehauskultur in Neapel eine sehr ausgeprägte ist, regionaltypische Süßspeisen und Desserts in Hülle und Fülle gibt es dort nicht. So sind z. B. die berühmten Babà (ein pilzförmiges Hefegebäck) zwar omnipräsent, doch ihr Ursprung ist in Polen zu suchen. Einer Legende zufolge warf der übel gelaunte König Stanislav I. Leszczyński das eigentlich trockene Gebäck gegen eine Flasche Rum, die kippte und der Alkohol tränkte das Gebäck. Stanislav probierte und befand es für viel besser. Der ausgewiesene Gourmet (zahlreiche Gerichte werden ihm zugesprochen) ist in der Tat der Erfinder dieser Speise, aber aus einem anderen Grund: Er war vollkommen zahnlos und hätte das mit der Zeit hart werdende Gebäck gar nicht anders essen können als aufgeweicht. Im elsässischen Exil tränkte der von Heimweh geplagte König den Gugelhupf in Sirup und Alkohol. Das Dessert erinnerte ihn an den glockenförmigen Rock älterer Damen, in Polen *babka* (Großmutter) genannt, wodurch es seinen Namen erhielt. Das Rezept wurde von französischen Köchen übernommen und ausgefeilt, und weil bekanntlich viele französische Köche in Neapel werkten, kam es mit diesen an den Golf. Hier werden die Babà fälschlicherweise als neapolitanische Spezialität verkauft – allerdings nicht in Rum, sondern in Limoncello eingelegt.

Der Limoncello ist die Spezialität der Region schlechthin. Dieser Zitronenlikör wird für Torten, Cremes, Eis, Sorbets und Süßspeisen verwendet – allerdings nicht für Tiramisu, denn das beliebte Tiramisù al limoncello stammt aus Ligurien.

Wirklich typisch für Neapel sind aber ein Honiggebäck namens Struffoli, dessen Zubereitung bereits in der Antike bekannt war, Susamielli, Honigplätzchen mit Mandel- und Zimtaroma, die Pastiera Napoletana, eine süße Kalorienbombe, und last but not least die sensationellen Sfogliatelle, die unbestritten zu den besten Bäckereien Italiens zählen.

Die Neapolitaner lieben frische Früchte, die fast nach jeder Mahlzeit als Dessert eingenommen werden. Orangen und Zitronen werden vor allem zu köstlichen Säften gepresst und mit ein wenig Karbonat im wahrsten Sinne des Wortes zum Schäumen gebracht *(→ kleines Bild)*.

Spremuta

BIANCOMANGIARE
Zitronenpudding

Unter der Bezeichnung *biancomangiare* firmierten im europäischen Mittelalter Hunderte von Gerichten, die zumeist auf Milch, Zucker und Mandeln (oder anderen „weißen" Zutaten wie z. B. Huhn) basierten. In Neapel ist vieles anders und so gibt es hier eine Süßspeise namens Biancomangiare, die nichts anderes ist als ein köstlicher Zitronenpudding, der sein besonderes Aroma von der Zitronensorte Limone di Sorrento *(➛ Glossar)* erhält, aus der auch der berühmte Limoncello erzeugt wird und die eine ganz besonders aromatische Schale hat.

ZUTATEN FÜR 4 PORTIONEN
120 g Stärkemehl, 200 g Zucker, 1 l Milch, abgeriebene Schale einer unbehandelten Zitrone (Limone di Sorrento)

ZUBEREITUNG
Das Stärkemehl mit der Milch in einem Topf verrühren, dann den Zucker und die Zitronenschale hinzugeben. Auf mittlerer Flamme kochen, dabei immer in die gleiche Richtung rühren, bis der Pudding fest ist. Den Pudding durch ein grobmaschiges Sieb ziehen (oder die Zitronenschale belassen). Creme in kleine Förmchen füllen und einige Stunden im Kühlschrank erstarren lassen. Aus der Form stürzen und beliebig garniert servieren.

HINWEIS
Da die Sorrentiner Zitronen sehr groß sind, sollte man 2–3 Bio-Zitronen nehmen, wenn man auf eine andere Sorte zurückgreifen muss.

SUSAMIELLI
Honigplätzchen

ZUTATEN
80 g Weizenmehl (italienisches tipo 00 bzw. Type 480 oder 405), 30 g Zucker, 80 g Honig, 1 Msp. Zimt, 250 g kandierte Früchte, 1 Prise Pfeffer, 1 knappe Handvoll Mandeln, Butter für das Backblech

ZUBEREITUNG
In einem kleinen Töpfchen den Honig einige Minuten kochen lassen. Das Mehl auf eine Arbeitsfläche sieben, eine Vertiefung hineindrücken und die fein gehackten kandierten Früchte, die ganzen Mandeln, den Zucker, die Gewürze und den gekochten Honig hineingeben. Zunächst mit einem Löffel, dann mit den Händen alles kräftig zu einem Teig verkneten, diesen 1,5 cm dick ausrollen, Kreise oder Ovale ausstechen und

diese auf ein gebuttertes Backblech legen. 15–20 Minuten bei 160–180 °C backen.

STRUFFOLI
Honiggebäck

Wenn wir dieses Rezept mit dem Gebäck aus Delos (➛ *Rezept S. 25)* vergleichen, so ist schon erstaunlich, wie wenig sich bei der Zubereitung prinzipiell verändert hat. Natürlich ist die heutige Version etwas reichhaltiger, aber die Herstellungsverfahren und das Anrichten sind einander frappierend ähnlich, was den Schluss zulässt, dass ein Jahrtausende altes Rezept noch immer in Verwendung ist. Für die antike Herkunft zeugt auch der Name Struffolo, eine andere Bezeichnung für *strongulos*, das wie das griechische *pristòs* so viel wie „geschnitten" bedeutet. Aus diesen beiden entstand dann das Wort *strangolapreti* (dt. Priesterwürger; die Rezeptbezeichnung kennt man übrigens auch im Trentino, wo sie für grüne Klöße mit brauner Butter und geriebenem Käse verwendet wird), weil die kleinen kompakten Teigkugeln dem gierigen Klerus im Hals stecken bleiben sollten (den gleichen „Zweck" sollten auch die Strangolapreti des Trentino erfüllen). Verschiedene Formen der Struffoli sind bis heute im gesamten Gebiet der Magna Graecia verbreitet (vor allem in Palermo). Sie werden besonders gerne zu Weihnachten verspeist, mein Freund Mimmo erzählte dazu schmunzelnd: „Die vielen kleinen Teigkugeln symbolisieren die kinderreiche Familie, welche durch den Honig zusammengehalten wird. Die kandierten Früchte und die bunten Streusel symbolisieren das Gute am Leben, das zwar verhältnismäßig selten ist, aber immerhin doch existent – je mehr von diesen kandierten Früchten auf den Struffoli zu finden sind, desto besser geht es einem."
In der Antike hat man Süßspeisen gerne mit Pfeffer aromatisiert, die Neapolitaner nahmen stattdessen in späteren Zeiten ihre *diavolilli*, die scharfen Pfefferschoten vom Vesuv. In Italien versteht man unter *diavolilli* allerdings ein buntes süßes Konfetti (*confettini colorati* genannt), ähnlich unserem bunten Zuckerstreusel, nur viel kleiner. Das hat dazu geführt, dass man schließlich auch in Neapel auf Pfeffer (bzw. Chili) verzichtete und stattdessen bis heute fast immer zu buntem Streusel greift. Nur Puristen und Traditionalisten nehmen nach wie vor Chiliflocken. Authentisch wird das Ganze mit kandiertem Kürbis *(cucuzzata)* garniert, ist dieser nicht erhältlich, darf man zu Zitronat und Orangeat greifen.

ZUTATEN
400 g Weizenmehl (italienisches tipo 00 bzw. Type 480 oder 405), 5 Eier (oder 4 Eier und 1 Eigelb), 1 EL Schmalz, 2 EL Zucker, abgeriebene Schale einer unbehandelten Zitrone, 1 Gläschen Limoncello oder reiner Alkohol (oder auch hochprozentiger Rum), 1 Prise Salz, Schweineschmalz oder Öl zum Frittieren (ich empfehle Erdnussöl)

AUSSERDEM: *300–400 ml Schleuderhonig (echter Wabenhonig), 150–200 g cucuzzata (kandierter Kürbis, ersatzweise Orangeat verwenden) und Zitronat, 50 g diavolilli (Chiliflocken oder Zuckerstreusel)*

ZUBEREITUNG

Das Mehl auf eine Arbeitsfläche sieben und anhäufen, eine Vertiefung hineindrücken und in diese die Eier, den Zucker, das Schmalz, Zitronenschale, Limoncello (oder Alkohol) sowie eine gute Prise Salz geben. Den Teig gut durchkneten und etwa 1 Stunde ruhen lassen. Danach den Teig in kleine Mengen portionieren, diese zu fingerdicken Stäbchen rollen und von diesen 0,5 cm lange Stücke abschneiden. Die Teigstücke einzeln auf ein bemehltes Tuch legen. Wenn der gesamte Teig zu kleinen kugelförmigen Stückchen geschnitten ist, diese auf mehrere Partien aufgeteilt in reichlich heißem Fett (original wäre Schweineschmalz, man kann aber auch Öl nehmen) bei nicht zu starker Hitze (sonst werden sie innen nicht richtig gar) rundherum goldbraun frittieren. Sobald die Struffoli hell-goldgelb sind (nicht zu dunkel werden lassen), diese mit einer Schaumkelle herausheben, abtropfen und abkühlen lassen.

In der Zwischenzeit die Hälfte der kandierten Früchte hacken. Den Honig erhitzen, den warmen (heißen) Honig vom Herd nehmen und die gehackten kandierten Früchte sowie die Struffoli einrühren; sacht umrühren, damit die Struffoli vollkommen überzogen werden. Struffoli auf eine Platte stürzen (oder kranzförmig auf einer Platte anrichten) und mit den restlichen kandierten Früchten und den *diavolilli* garnieren.

HINWEIS

Wenn die Struffoli saftiger sein sollen, dann nimmt man nur 250 g Honig und köchelt diesen mit etwas Wasser und 120 g Zucker zu einem goldgelben Sirup.

SFOGLIATELLE

Süße gefüllte Teigtaschen

Eines vorab: Für mich persönlich sind die Sfogliatelle das Beste, was Neapel auf dem „süßen Sektor" zu bieten hat! Auch sie stammen ursprünglich nicht aus Neapel, aber immerhin aus der Region, denn sie entstanden vor etwa 400 Jahren (andere Quellen sprechen von 600 Jahren) im Kloster Santa Rosa in der Nähe von Amalfi. Die Nonnen in diesem Kloster lebten abgeschieden und in einem autokratischen System, denn die Oberin führte es mit strenger Hand. Sie lebten von der eigenen Landwirtschaft (bewirtschafteten sogar eigene Weinberge) und kamen – um es salopp zu formulieren – so gut wie nie aus den eigenen vier Wänden heraus. Der Legende nach soll sich Langeweile unter den Nonnen breitgemacht haben, die sie mit Handwerks- und Küchenarbeit zu kompensieren suchten. Als Nahrung für die harte Feldarbeit kreierten

OBEN: *Sfogliatelle aus Blätterteig*
UNTEN: *Sfogliatelle aus Mürbteig*

sie einen Mürbteigkuchen aus Schmalz und Wein, der in Stücke geschnitten (also portioniert) als Imbiss auf dem Feld eingenommen werden konnte.
Durch einen Zufall kam die Füllung zustande: Eine Köchin kochte Grieß in Milch und kam auf die Idee, diesen Brei mit kandierten Früchten anzureichern – die Idee für die Füllung war geboren. Man nahm nun zwei Lagen vom Schmalz-Mürbeteig und füllte diese mit der aromatischen Grießcreme – wie kleine gefüllte Teigtaschen dürften diese Ur-Sfogliatelle ausgesehen haben. Anschließend wurden die kleinen Küchlein im Ofen gebacken.
Die Schwester Oberin erschnupperte die süße Köstlichkeit, befand diese für wunderbar, aber auch als viel zu schade für die Feldarbeit oder um sie herzuschenken. Die Bauern der Umgebung sollen die ersten Kunden gewesen sein, welche um wenig Geld die köstlichen Leckerbissen kaufen konnten. Der wirtschaftliche Erfolg stellte sich ein und schon bald kam man auf die Idee, die köstliche Backware auch nach Neapel zu liefern. Durch Boten (die Nonnen durften das Kloster nach wie vor nicht verlassen) gelangten die ersten Sfogliatelle (damals noch viereckig) an die Via Toledo und die Nonnen waren angehalten, für reichlich Nachschub zu sorgen.
In Neapel machten die Sfogliatelle dann mehrere Entwicklungsstadien durch, weshalb es sie heute in zwei verschiedenen Varianten gibt: einmal die traditionellen aus Mürbeteig (Sfogliatella frolla) und zum zweiten das wahre kulinarische Erlebnis mit einem knusprigen, speziell aufgefächerten Blätterteig (Sfogliatella riccia).
Die wahre Handwerkskunst der Sfogliatelle-Herstellung besteht darin, den Blätterteig für die Sfogliatelle mit den Fingern hutförmig zu drehen, sodass dieser nach dem Backen in seine einzelnen Schichten auffächert. Das gelingt nur, wenn man die richtige Teigdicke wählt; der Blätterteig wird nämlich zusammengerollt und in Scheiben geschnitten.
Die Sfogliatelle aus Mürbteig sind wesentlich leichter herzustellen, weil es sich nur um kleine Küchlein mit Füllung handelt. Bei Attanasio, einer kleinen Bäckerei beim Hauptbahnhof, die Tag für Tag Hunderte, wenn nicht Tausende Sfogliatelle in reiner Handarbeit erzeugt, habe ich die Herstellung in der Backstube beobachten dürfen und (natürlich) auch die eine oder andere Sfogliatella direkt aus dem Ofen genossen: der Teig heiß, knusprig, buttrig und die Füllung aromatisch und zart schmelzend – einfach unvergleichlich. Allerdings fand ich die mit Mürbteig auch nicht schlechter, etwas rustikaler vielleicht, aber geschmacklich absolut überzeugend. Nicht umsonst heißt es: „Neapel hat drei Schönheiten: das Meer, den Vesuv und die Sfogliatelle!“

ZUTATEN

FÜR DEN MÜRBTEIG: *350 g Weizenmehl (italienisches tipo 00 bzw. Type 480 oder 405), 150 g Butter, 140 g Zucker, 1 Prise Salz*

FÜR DIE FÜLLUNG: *150 g Grieß, 150 g frischer weicher Ricotta, 150–170 g Zucker (nach Geschmack), 1 Ei (oder 2 Eigelb), 25 g Orangeat (fein gehackt), 25 g Zitronat (fein gehackt), 1 Schuss Orangenblütenwasser, 1 Vanilleschote, 1 Prise Zimt, Salz*
AUSSERDEM: *Butter für das Blech, 1–2 mit Wasser verrührte Eigelbe zum Bestreichen, Staubzucker zum Bestreuen*

ZUBEREITUNG

Für den Mürbteig das gesiebte Mehl, die Butter in Flocken, den Zucker, eine gute Prise Salz und 5–6 EL Wasser rasch zu einem homogenen Teig kneten, diesen in Frischhaltefolie einschlagen und im Kühlschrank 30–60 Minuten ruhen lassen.
Zwischenzeitlich die Füllung vorbereiten: Hierfür 450 ml Wasser mit etwas Salz aufkochen, den Grieß einrieseln lassen und etwa 5 Minuten kochen. In eine Schüssel füllen und abkühlen lassen. Das Mark der Vanilleschote herauskratzen und zum Grieß-Gemisch geben. Ricotta mit Zucker gut verrühren, dann ebenfalls unter den Grieß mischen. Schließlich das sehr fein gehackte Orangeat, Zitronat, einen Schuss Orangenblütenwasser und den Zimt untermischen, zum Schluss das Ei einarbeiten.
Den Teig auf einer bemehlten Arbeitsfläche 0,5 cm dick ausrollen und mit einem Glas Kreise ausstechen. Die Hälfte der Kreise mit einem guten Esslöffel Füllung belegen, mit den restlichen Teigkreisen abdecken und an den Rändern fest zusammendrücken. Die Oberfläche mit verquirltem Eigelb bestreichen.
Ein Backblech dick einbuttern, die Sfogliatelle darauflegen und bei 180 °C etwa 15–20 Minuten backen (sie sollten nicht zu braun werden). Mit Staubzucker bestreut am besten noch warm genießen.

HINWEIS

Für die Variante mit Blätterteig braucht man unbedingt frischen Teig (500 g Weizenmehl tipo 00 oder Manitoba ➛ *Glossar*, 200 ml Wasser, 25 g Honig, 1 TL Salz 30 Minuten zu einem homogenen Teig kneten), der nach einer 3-stündigen Ruhephase (mit Schmalz eingefettet, in Frischhaltefolie eingeschlagen, im Kühlschrank) in 3–4 Portionen ge-

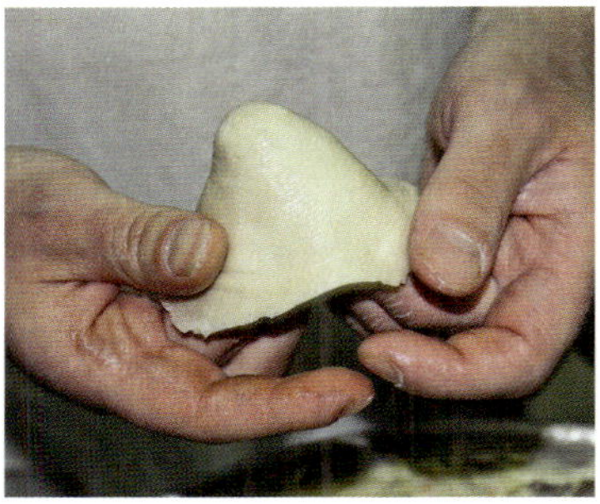

teilt und hauchdünn ausgerollt (z. B. mit einer Nudelmaschine) wird. Diese Platten werden aneinandergelegt, mit flüssigem Schmalz bestrichen und anschließend möglichst eng zusammengerollt (nach der ersten Platte die zweite anschließen und an diese die dritte Platte etc.). So entsteht eine etwa 2–3 Hand breite Rolle von etwa 8 cm Durchmesser. Die Rolle drehen, damit die Restluft entweicht, an den Enden glatt abschneiden und in Frischhaltefolie gewickelt 24 Stunden kalt stellen. Man schneidet von ihr etwa 0,5 cm dicke Scheiben ab, die dann über dem Zeigefinger zu handtellergroßen Hütchen aufgedreht werden (ähnlich wie beim Töpfern); dadurch werden die einzelnen Schichten sichtbar. Dann kommt die Füllung (s. o.) hinein, anschließend die Öffnung zusammendrücken, auf ein gebuttertes Blech legen und im sehr heißen Ofen bei 220 °C backen, bis die Sfogliatelle goldbraun und knusprig sind (20–30 Minuten). Mit Staubzucker bestreut genießen.

Pastiera Napoletana

PASTIERA NAPOLETANA

Neapolitanischer Ricottakuchen

Auch hier haben wir es mit einer Speise zu tun, die ihre Wurzeln in der Antike hat. Bereits bei den Römern gab es vielerlei Festlichkeiten, bei denen von den Frauen selbst gebackene Opferkuchen dargereicht wurden. So wurden z. B. bei den sogenannten *liberalia* (am 17. März zu Ehren der Fruchtbarkeitsgötter Liber und Libera) oder bei den *cerealia* (19. April, zu Ehren der Göttin Ceres) verschiedene Opferkuchen *(libi)* verkauft und verbrannt. Der Zeitraum deckt sich etwa mit unserem Osterfest und tatsächlich wird die Pastiera im heutigen Neapel hauptsächlich zu Ostern gebacken. Und weil die Pastiera (nicht nur in Neapel, sondern im gesamten Kampanien) in den Haushalten gebacken wird, gibt es so viele Rezepte wie Köchinnen, denn jede Hausfrau hat natürlich das ultimativ beste Pastiera-Geheimrezept parat.

Eine andere These sieht die Ursprünge der Pastiera bei einem alt-römischen Hochzeitsbrot, wahrscheinlich aus Einkorn, Emmer *(→ Glossar)* und/oder Dinkel und Ricotta gebacken, das *confarratio* (in Anlehnung an das lateinische Wort *confarreatio* für Hochzeit) genannt wurde. Und noch heute besteht die Füllung der Pastiera aus einer „Vermählung" von Getreide und Ricotta.

Was auch immer der Ursprung gewesen sein mag, die Pastiera ist ein historisches Rezept mit sehr langer Tradition und schmeckt bis heute wunderbar. Aber sie ist (mit Verlaub gesagt) auch eine wahre Kalorienbombe – und genau deswegen schmeckt sie so gut!

Hier nun ein allgemeingültiges Grundrezept, das – je nach Gusto und Fantasie – persönlich abgewandelt werden kann. Kleiner Tipp: Meine Freundin Elisabetta gibt einen Schuss Kräuterlikör (statt des Orangenblütenwassers) in die Füllung.

ZUTATEN FÜR 1 KUCHEN
FÜR DEN TEIG: *300 g Weizenmehl (italienisches tipo 00 bzw. Type 480 oder 405), 150 g Zucker, 150 g Butter, 3 Eigelb, 1 Prise Salz*
FÜR DIE FÜLLUNG: *200 g Hartweizenkörner, 500 ml Milch, abgeriebene Schale einer unbehandelten Zitrone, 1 TL Zimt (ich nehme lieber Vanillemark von 2 Schoten), 200 g Zucker, 500 g Ricotta, 4–5 Eier (je nach Größe), 40–50 ml Orangenblütenwasser, 75–100 g Orangeat und Zitronat, 50–75 g Rosinen, 30–50 g Staubzucker, 1 Prise Salz*
AUSSERDEM: *Butter zum Einfetten der Form, Staubzucker zum Bestreuen*

ZUBEREITUNG
VORBEREITUNG: Die Hartweizenkörner für die Füllung 3 Tage in Wasser einweichen, dabei täglich das Wasser wechseln.
FÜLLUNG: Die eingeweichten Hartweizenkörner abgießen und 15 Minuten in frischem Wasser kochen, erneut abgießen und anschließend mit der Milch, der Hälfte der Zitronenschale, einer Prise Zimt, 1 EL Zucker und einer Prise Salz so lange bei mittlerer Hitze kochen, bis die Milch vollkommen aufgesogen ist (das dauert mehrere Stunden).
Den Ricotta in einer Schüssel cremig rühren. Die Eier trennen; Eigelbe, restlichen Zimt und Zucker, restliche Zitronenschale, Orangeblütenwasser, gehackte kandierte Früchte, Rosinen und die Körnermasse unter den Ricotta rühren. Bis zur weiteren Verwendung die Füllung im Kühlschrank ruhen lassen.
Für den Mürbeteig das Mehl auf eine Arbeitsfläche sieben, Zucker, Butter in Flocken, Eigelbe und eine Prise Salz dazugeben und rasch zu einem Teig kneten. Diesen in Frischhaltefolie einschlagen und 1 Stunde im Kühlschrank ruhen lassen.
Eine Springform von 30 cm Durchmesser dick mit Butter einfetten. Drei Viertel des Teiges zu einer etwa 2–3 cm dicken Scheibe ausrollen und den Boden und den Rand der Form damit auskleiden. Den restlichen Teig in Streifen schneiden.
Das verbliebene Eiweiß zu steifem Schnee schlagen und auf drei Portionen vorsichtig unter die gut durchgekühlte Füllung heben. Füllung auf dem Teig in der Form verteilen und die Teigstreifen dekorativ in einem Gittermuster darauflegen. Den Kuchen im vorgeheizten Backrohr bei 180 °C backen, bis er eine schöne dunkelgoldbraune Farbe angenommen hat (etwa 1 Stunde). Auf einem Kuchengitter auskühlen lassen und vor dem Servieren mit Staubzucker bestreuen.

DELIZIA DI LIMONCELLO
Limoncellokuchen

Dies ist zwar kein traditionelles Rezept der Region, aber dennoch ganz typisch und sehr weit verbreitet. Kaum ein Lokal rund um Sorrento, das

GRAN CAFFE'
GAMBRINUS
ESPRESSI AL BANCO
FONDATO NEL 1860
NON
TOCCARE

etwas auf sich und seine Küche hält, wird darauf verzichten, diesen köstlichen Kuchen anzubieten. Es gibt ihn in zwei verschiedenen Formen: erstens die „Hausfrauenvariante", bei der ein großer Kuchenboden gebacken wird, der dann gefüllt und glasiert wird, und zweitens die „Restaurantvariante", welche aus vielen kleineren Kuchen besteht. Unterschiede gibt es auch beim Teig: Die einen verwenden Mürbteig, die anderen Biskuitteig und wieder andere sogar Blätterteig. Auch bei der Creme gibt es Unterschiede, manche nehmen Gelatine zu Hilfe, andere Kartoffelstärke und wieder andere gar beides. Ich habe mich hier für eine sehr feine Variante entschieden, die ich persönlich am besten finde.

ZUTATEN FÜR 6 PORTIONEN

FÜR DEN TEIG: *4 Eier, ½ Tasse Zucker, ½ Tasse Mehl, Mark von 1–2 Vanilleschoten, 1 Prise Salz*

ZUM TUNKEN: *½ Tasse Milch, 1 EL Zucker, 1 Schuss Limoncello*

FÜR DIE FÜLLUNG: *3 EL Zucker, 1½ EL Mehl, 1 Eigelb, Mark von 1–2 Vanilleschoten, ¾ Tasse Milch, 1½ EL Obers (Sahne), 1 Schuss Limoncello*

FÜR DIE GLASUR: *1½ Tassen Obers (Sahne), 2 gute Schuss Limoncello*

FÜR DIE GARNITUR: *Zitronenzesten oder fein gehackte Zitronenschale (nur die Schale, ohne die weißen Bestandteile)*

ZUBEREITUNG

Teig: Die Eier trennen. Eigelb mit dem Zucker verrühren, bis sich der Zucker aufgelöst hat. Das Eiweiß mit einer Prise Salz steif schlagen und portionsweise vorsichtig unter die Mischung heben. Unter ständigem Rühren nach und nach Mehl und das ausgekratzte Vanillemark einarbeiten. Den Teig auf 6 Muffinförmchen verteilen und 40 Minuten bei 150 °C backen.

Zwischenzeitlich die Füllung vorbereiten: Hierfür Milch, Eigelb, Zucker, Mehl und Vanille in einer Schüssel zu einer glatten Mischung vermengen. Die Masse in einer Schlagschüssel über Wasserdampf unter ständigem Rühren erhitzen, bis sie leicht anfängt zu kochen, dann die Hitze reduzieren und einige Sekunden weiter schlagen. Schlagschüssel vom Herd nehmen und die Masse über Eis kalt schlagen, bis sie fast gänzlich abgekühlt ist. Dann das Obers steif schlagen und zusammen mit dem Limoncello unter die ausgekühlte Milch-Mischung heben.

Für die Glasur das Obers steif schlagen und mit Limoncello abschmecken.

Für die Tunke Milch, Zucker und Limoncello verrühren, bis sich der Zucker aufgelöst hat. Die ausgekühlten Kuchen aus der Muffinform nehmen und den Boden vorsichtig abschneiden. Mit einem scharfen Messer und einem kleinen Löffel einen „Hohlraum" in das Innere der Küchlein schneiden (den ausgehöhlten Teig nicht wegwerfen!). Die

OBEN: *Orangensorbet*
UNTEN: *Limoncellosorbet*

Küchlein innen mit jeweils 1–2 EL Tunke benetzen, um den Teig ein wenig einzuweichen, dabei aber darauf achten, dass der Teig nicht zu feucht wird. Anschließend die Füllung in die Kuchenböden spritzen und mit den zurückbehaltenen Kuchenkrümeln und dem Boden verschließen.
Etwas von der Glasur auf den Boden einer breiten Dessertschale (am besten aus Glas) geben. Alle Kuchen daraufsetzen (jeweils 5–10 cm Abstand zwischen den einzelnen Kuchen lassen) und mit der restlichen Glasur großzügig bestreichen. Mit klein gehackter Zitronenschale dekorieren und bis zum Servieren kalt stellen. Mit einem Glas Limoncello (oder noch besser Limoncello crema) auftischen.

SORBETTI
Sorbets

In Neapel liebt man – wie wahrscheinlich in ganz Italien – Eis und Sorbets, wobei hier den Sorbets (vor allem aus heimischen Zitronen und Orangen) der Vorzug gegeben wird. Überall in der Stadt wird man auf die Klassiker treffen, welche einen, wunderhübsch in Zitronen- bzw. Orangenschalen angerichtet, anlachen. Hier zwei typische Beispiele:

BLUTORANGENSORBET MIT ORANGEN- ODER ROSENBLÜTENWASSER

Für 4 Portionen 100 ml Orangen- oder Rosenblütenwasser und 200 g Staubzucker in einen Topf geben, gut verrühren und leicht köcheln, bis man einen dünnen Sirup erhält (nicht karamellisieren lassen!). Den Sirup abkühlen lassen, danach mit einem Spritzer frisch gepresstem Zitronensaft, der abgeriebenen Schale einer halben Blutorange und ca. 600 ml Blutorangensaft vermischen. Alles in einer Sorbetmaschine (oder im Tiefkühler, in diesem Fall aber alle 30 Minuten umrühren) frieren lassen und anschließend in ausgehöhlte Orangenschalen füllen.

LIMONCELLOSORBET

Für 4 Portionen 350 g Feinkristallzucker in 350 ml Wasser unter Erhitzen in einem Töpfchen auflösen und einige Minuten köcheln, dann vom Herd nehmen und auskühlen lassen. Wenn der Sirup erkaltet ist, diesen mit 2 Gläschen Limoncello (etwa 6–8 cl) aromatisieren. In einem Kessel über Wasserdampf 1 Eiweiß zusammen mit 50 g Staubzucker mit dem Schneebesen schlagen, bis man eine homogene Masse hat. Den Sirup mit der Eischnee-Masse vermischen und in einer Eismaschine gefrieren lassen. In ausgehöhlten Zitronenschalen angerichtet auftischen.

LIMONCELLO
Zitronenlikör

Es gibt mittlerweile unzählige Herstellungsverfahren für dieses Kultgetränk. Von eher säuerlich bis hin zu „picksüß" reicht allein das Geschmacksspektrum der Erzeugnisse der in Sorrento und Amalfi beheimateten Limoncello-Betriebe. Die meisten von ihnen bieten als touristische Attraktion ein Schauverfahren hinter Glasscheiben an, doch dabei handelt es sich nicht um die eigentliche Limoncello-Produktion, sondern eher um ein inszeniertes Limoncello-Spektakel. Es ist verständlich, dass keiner der Betriebe sein Geheimnis preisgeben will. Die Kunst der Limoncello-Herstellung liegt einzig und allein in der Auswahl der richtigen Zitronen sowie dem ausgewogenen Geschmack des Likörs – zu säuerlich ist genauso wenig erwünscht wie zu süß.

Wichtig beim Limoncello ist die Auswahl der Zitronen

Entscheidend sind vor allem die Zitronen. Hat man die großen aromatischen Zitronen aus Amalfi zur Hand, genügen schon 6–8 Stück für 1 Liter Limoncello. Von anderen, kleineren Zitronen braucht man sicherlich 10–12 (und sogar mehr). Manch ein Produzent gibt Vanilleschoten mit dazu, andere Zitronenblätter und wieder andere arbeiten mit halbreifen Zitronen. Ich persönlich finde, dass der Limoncello nur nach Zitrone zu schmecken hat, und empfehle daher folgendes Grundrezept, das aber selbstverständlich nach persönlichem Geschmack abgewandelt werden darf:

ZUTATEN FÜR ETWA 1,5 LITER

10–12 unbehandelte mittelgroße Zitronen, 2 Zitronenblätter, 1 l Alkohol (90 %), 350–400 g Zucker, 500 ml Wasser

ZUBEREITUNG

Zunächst die Zitronen und Zitronenblätter gründlichst waschen und mit einem sauberen Küchentuch abreiben. Danach die Zitronenschale ganz dünn abschälen, darauf achten, dass keine weißen Bestandteile an der Schale haften bleiben. Zitronenschalen in feine Streifen schneiden. Die Zitronenblätter ebenfalls in feine Streifen schneiden. Alles in ein luftdicht verschließbares Glas mit 1,5 l Fassungsvermögen füllen, den Alkohol bis zum Rand angießen, Glas gut verschließen und 12–16 Tage (ich finde, dass 15 Tage perfekt sind) ziehen lassen.

Wenn die Zitronenschalen ihren Geschmack an den Alkohol abgegeben haben, beginnt man mit der eigentlichen Herstellung. Den Zucker zusammen mit dem Wasser auf dem Herd bei wenig Hitze langsam aufkochen, bis sich Ersterer vollkommen aufgelöst hat. Sirup vom Herd nehmen und auf Raumtemperatur abkühlen lassen. Den Sirup mit dem Zitronenansatz vermischen und durch ein Sieb in ein zweites Gefäß gießen, dabei die Zitronenschalen gut ausdrücken. Den Vorgang wiederholen, die Schalen wiederum sehr sorgfältig ausdrücken, damit mög-

lichst viele ätherische Öle im Limoncello landen. Ich lasse den Limoncello gerne in großen Gebinden reifen (weil er dann harmonischer wird), doch man kann ihn auch in kleinere Flaschen abfüllen. Vor dem Genuss an einem trockenen und dunklen Ort mindestens 3–4 Wochen ruhen lassen (ich gebe dem Limoncello 3 Monate Zeit).

HINWEIS

Ich nehme gerne eher weniger Zucker, weil ich eine herbe Note beim Limoncello bevorzuge. Besonders gut wird der Limoncello meiner Meinung nach, wenn man den Sirup zusätzlich mit dem Saft einer Zitrone aromatisiert (vor dem Aufkochen dazugeben).

ALLEGATO
Anhang

Lokaltipps

In Neapel wird man heutzutage vor die Wahl gestellt, denn die traditionellen, regionaltypischen Rezepte werden fast ausschließlich in einfachen Lokalen und Osterien aufgetischt, während die schönen und besseren Restaurants zumeist italienisch-international kochen – anders als z. B. in Norditalien, wo die regionaltypischen Rezepte auch in den feinsten Häusern zu Hause sind. Besonders deutlich wird dies auf Capri: Hier kann man zwar in einigen (sehr teuren) Restaurants gut speisen, aber von Regionalküche ist dort wenig zu sehen (daher hier auch kein Capri-Tipp); Ischia ist nur unwesentlich besser. Aber es gibt noch einige Adressen rund um den Golf, wo man die lokale Küche findet.
Ich habe eine Auswahl von Lokalen zusammengestellt, in denen einerseits gut gekocht wird und andererseits ein erkennbarer Bezug zu den regionaltypischen Zutaten und Rezepten zu finden ist.

NEAPEL

RISTORANTE SANTA LUCIA
Via Partenope 46
Das Restaurant im Grand Hotel Santa Lucia steht unter der Küchenleitung meines Kollegen und Freundes Antonio Scarpati, der im eleganten Rahmen des Hauses seinen Gästen einen köstlichen Mix aus traditionellen und regionaltypischen Rezepten sowie eigener Kreativität auftischt.

VERITAS
Corso Vittorio Emanuele 141
Moderne italienische Küche auf hohem Niveau für das junge und schicke Neapel. Die Orecchiette mit Selleriecreme, Stockfisch und Bottarga (getrockneter Meeräschen-Kaviar) sind ein Traum!

DONNANNA
Via Posillipo 16/c
Der traumhafte Ausblick über das Meer, die angenehme sportlich-elegante Atmosphäre und die hervorragende Küche machen das „Donnanna" zu einem meiner Lieblingslokale in Neapel. Unbedingt probieren: Carpaccio per' e muss' und die Mille foglie di bandiera e provola!

LA STANZA DEL GUSTO
Via Costantinopoli 100
Patron und Koch Mario Avallone ist ein lebenslustiger und freundlicher Zeitgenosse, was man seinem kunterbunten Lokal sofort ansieht. Lieblingslokal vieler Künstler (so auch von Hermann Nitsch). Zahlreiche leicht modernisierte Gerichte aus der traditionellen Küche Neapels – schöne Käseauswahl.

RISTORANTE DORA
Via Ferdinando Palasciano 30
Einst (weil etwas versteckt gelegen) war das „Dora" ein echter Geheimtipp! Heute ist es (weil etwas besser beschildert) ein bekanntes, preislich gehobenes Fischlokal. Die Qualität war bei meinem letzten Besuch besser denn je, weshalb ich es an dieser Stelle gerne empfehle – ganz tolle Meeresfrüchte und die vielleicht besten gegrillten Fische (vom Holzkohlengrill!) Neapels.

LA SCIALUPPA
Borgo Marinari 4
Schönes Lokal in der Marina Santa Lucia mit Blick auf die Grand Hotels „Vesuvio" und „Santa Lucia", gute (aber nicht unbedingt preiswerte) Küche für ein internationales Publikum, schöne Atmosphäre.

ANTICHI SAPORI
RISTORANTE CANFORA GENNARO
Via Santa Lucia 16/18
Signore Gennaro ist ein Patron, wie er im Buche steht, und führt in seinem Laden ein strenges Regiment. Der angeschlossene Delikatessenladen sorgt für beste Zutaten. Besonders empfehlenswert sind hier die Rezepte aus der original neapolitanischen Küche wie die Vorspeisen mit Mozzarella oder der Schwertfisch (origanato!). Weil auch die Atmosphäre stimmt, gehe ich gerne hierher.

OSTERIA GARUM
Piazza Monteoliveto 2/a
Im Souterrain gelegene schöne Osteria mit gediegenem Ambiente und einer ambitionierten neapolitanischen Küche (mit vielen kreativen

Abwandlungen); Küchenleistung (und auch die Preise) sind auf gutem Restaurant-Niveau.

A FIGLIA DO' MARENARO
Via Foria 180/182
Traditionelles Fischrestaurant mit typischer neapolitanischer Hausmannskost; gemütliches, rustikal-bürgerliches Ambiente.

DAL DELICATO
Largo Sermoneta 34/37
Rustikales, bei Einheimischen sehr beliebtes Lokal mit authentischer Atmosphäre und richtig guter neapolitanischer Hausmannskost.

LO SQUALO
Via Orazio 1
Einfaches, durchaus besuchenswertes Fischrestaurant mit geradliniger, aber dennoch schmackhafter Hausmannskost – gute Fische vom Grill!

A TAVERN E L'ASTICE
Via Mergellina 215
Etwas abseits vom Touristenrummel gelegenes sehr kleines Fischlokal mit fangfrischer Qualität und toller Regionalküche; absolut authentische Atmosphäre – weil nur wenig Platz, fast immer überfüllt, daher unbedingt reservieren!

REGINELLA
Via Posillipo 45/a
Wer das echte bürgerliche Neapel kennenlernen will, der geht an einem Sonntag Mittag hierher –Familien mit unglaublich vielen Kindern (samt deren Spielzeug) sorgen für eine authentische Akustik und ein unvergleichliches Flair. Die Küche ist einfach, aber sauber gekocht, besonders gut schmeckt hier der Fritto misto. Die Terrasse bietet einen sensationellen Blick auf den Vesuv! Neapel pur!

TRATTORIA DA PATRIZIA
Borgo Marinari 24
Einfache, vor allem von Einheimischen gut frequentierte Fisch-Trattoria am Borgo Marinari mit moderaten Preisen. Sehr guter Pulpo-Salat.

HOSTERIA TOLEDO
Vico Giardinetto 78/a
Etwas abseits vom Rummel der Via Toledo gelegene recht gemütliche Osteria mit einer einfachen, guten Küche, die viele Traditionsgerichte Neapels bietet.

CANTINA DELLA TOFA
Vico tofa 71
Wer dieses Lokal nicht kennt, läuft sicher an ihm vorbei, so klein ist es. Der Eingang unauffällig, die Einrichtung spartanischer als spartanisch, nur 6 Tische und doch wird hier eine regionaltypische und absolut authentische neapolitanische Küche geboten.

L'ANTICA PIZZERIA „DA MICHELE"
Via Cesare Sersale 1
Wenn Pizza, dann so authentisch und urig wie in diesem Traditionsbetrieb, der seit 1870 nur zwei Sorten von Pizza (diese aber in Perfektion) anbietet: Marinara und Margherita – basta così! Jeder weitere Belag wird hier als unnötiger internationaler Unsinn abgetan.

DA ATTILIO
Via Pignasecca 17
Die Baciolini (➛ Rezept S. 74) *von meinem Freund Attilio sind jede Sünde wert, aber auch die anderen Pizze schmecken hier ausgezeichnet (Hausspezialität: die sternförmige Pizza carnevale mit Ricotta-gefülltem Rand). Exzellent schmecken hier auch Pulpo und Vongole.*

DI MATTEO
Via dei Tribunali 94
Ein Fixpunkt für das quirlige Neapel ist diese preiswerte und daher sehr beliebte Pizzeria, genossen wird meist aus der Hand. Sehr empfehlenswert sind die Panzerotti (➛ Rezept S. 57) *und die frittierten Kürbisblüten.*

LE ZENDRAGLIE / FIORENZANO
Via Pignasecca 14
Beide Geschäfte liegen in derselben Straße und sind kulinarischer Neapel-Hardcore für Innereienliebhaber. Bei Zendraglie gibt es neben Kutteln in Tomatensauce auch einfache neapolitanische Hausmannskost (z. B. frittierte Sardellen, geschmorte Paprikaschoten oder Gnocchi), im etwas oberhalb gelegenen Geschäft Fiorenzano (einer echten Tripperia) gibt es nur Kutteln, Blättermagen, Schweinefüße und Kalbskopf. Versuchen Sie's, ich liebe diese Gerichte!

O'RUSS (LA FONTE DELLA TRIPPA)
Via Sant'Eframo Vecchio 68
Wer sich die Mühe macht und das Zentrum Neapels verlässt, der wird bei Aniello Daniele mit einem urigen Ambiente, herrlich-einfachem Schankwein und – natürlich – Kutteln (meiner Meinung nach, die besten der Stadt) belohnt. Kein Neapel-Besuch, ohne bei „O'Russ" Kutteln, Kalbskopf und Euter genossen zu haben – eindeutig: Lieblingslokal!

GRAN CAFFÈ CIMMINO
Via Filangieri 12/13
Mein absolutes Lieblingskaffeehaus in Neapel – nein, nicht zum Sitzen und Verweilen, sondern einfach für einen schnellen Espresso oder einen „Sprizz" und ein Pläuschchen an der Bar!

ATTANASIO
Vico Ferrovia 1/2/3/4
Ein Pflichtbesuch für alle Neapel-Reisenden, denn hier gibt es die wahrscheinlich besten (zumindest aber die berühmtesten) ofenfrischen Sfogliatelle (➛ Rezept S. 136) *der Stadt.*

NEAPEL UMGEBUNG

E CURTI
Via Padre Michele Abete 6
80048 Sant'Anastasia
Ein entzückendes Lokal mit rührigen Wirtsleuten und langer Tradition (knapp 20 km östlich von Neapel gelegen). Die Küche lässt das Gourmetherz höher schlagen, denn hier wird das geboten, was man sich in und um Neapel wünscht. Die Maritata (➛ Rezept S. 126) *war eine Sensation! Die Spaghetti O sicchio e munnezza (Spaghetti mit Walnüssen, Haselnüssen, Pinienkernen und Rosinen), der wunderbare Stockfisch oder das köstliche Milchlamm mit Erbsen – alle Geschmäcker bleiben unvergessen.*

OSTERIA VIVA LO RE
Corso Resina 261
80056 Ercolano
Unweit der berühmten (und sehr sehenswerten) Ausgrabungen von Herculaneum befindet sich diese Osteria. Man darf hier keine authentische Regionalküche erwarten, dafür versucht man sich an zu vielen modernen „Showeffekten". Aber das Verkostete war durchaus schmackhaft.

IL PRINCIPE
Piazza Bartolo Longo 1
80045 Pompei
Wer Zeit und Muße hat, sollte hierher kommen – nicht nur der (wirklich) guten Küche wegen, sondern auch deshalb, weil der Patron Marco Carli mit einem schier unerschöpflichen Fundus an Geschichten zur neapolitanischen Küche (von der Antike bis zur Neuzeit) aufwarten kann. Vieles ist mehr Geschichte als Historie, aber unterhaltsam anzuhören.

SORRENTO

RISTORANTE MUSEO CARUSO
Via Sant'Antonio 12
Etwas touristisch aufgezogenes Lokal gehobener Preisklasse, das aber dennoch eine empfehlenswert gute Küche anbietet. Toll die heimischen Garnelen mit gegrillten Zitronenblättern, Schweinefilets mit Paprikasauce und köstliches Zitronensorbet.

RISTORANTE DON ALFONSO 1890
80064 Sant'Agata sui due Golfi
Als ich das Restaurant vor fast 20 Jahren kennenlernte, war es noch fast so etwas wie ein Geheimtipp in der Gourmetwelt. Mittlerweile ist „Don Alfonso" (eigentlich Alfonso Iccarino) sehr berühmt und sein Lokal vor allem eine Adresse für Amerikaner mit Italien-Romantik im Herzen. Deshalb ist es mittlerweile sehr touristisch aufgezogen, mit Geschenkkartons, Amalfikitsch, Delikatessen zum Mitnehmen und all dem „Drumherum", das wahre Gourmets nicht gerne sehen. Aber die Küche des „Don Alfonso" ist nach wie vor herausragend gut!

DA EMILIA
Via Marina Grande 62
Fernab von Touristenrummel, Fetzengeschäften, Souvenier-Boutiquen und Pseudo-Limoncello-Schauherstellern befindet sich unterhalb des Ortes dieses Kleinod in der Marina. Hier kann man das „alte" Sorrent noch erspüren,

sitzt atemberaubend schön am Wasser, und es lässt sich erahnen, warum hier einst so viele Filme mit Italo-Romantik gedreht wurden. Man bietet Regionalküche in Reinkultur, ich habe wunderbare Muscheln mit Zitrone, Frittura di paranza (kleine „unedle" frittierte Fische) und Delizie al limone (Mürbeteig mit Zitronencreme) genossen – dazu einen einfachen Schankwein. Einfach gut – solche Orte sollte es mehrere geben!

AMALFI

IL TARÌ
Via P. Capuano 9/11
Ganz ehrlich: Als ich das erste Mal vor diesem Lokal stand, dachte ich mir, dass es sich (aufgrund der vielsprachigen Speisekarte) um ein echtes Touristenlokal handelt. Ich wurde mit einer wirklich ausgezeichneten Küche (ein Spezialmenü auf Basis der heimischen Zitronen) eines Besseren belehrt und kann das „Tarì" daher guten Gewissens empfehlen.

TRATTORIA DA RISPOLI
Via Riulo 3
Eine vollkommen authentische Osteria mit ausgezeichneter Hausmannskost – alle Produkte stammen aus der Region, alles ist hausgemacht (sogar die Pasta wird jeden Tag frisch hergestellt) – absolut empfehlenswert! Leider kein Geheimtipp mehr – daher reservieren.

CETARA

SAN PIETRO
Piazza San Francesco 2
Die Spezialität von Cetara ist die colatura di alici (➛ Glossar), *die auch in den Rezepten dieses Lokals die Hauptrolle spielt. Aber nicht nur die colatura, auch die alici selbst spielen hier eine gewichtige Rolle. Sensationell gut schmeckten die Vermicelli con la colatura di alici und die Pesci azzurri con colatura.*

IL CONVENTO
Piazza San Francesco 16
Als zweiten Tipp für das malerische Städtchen Cetara möchte ich den geneigten Lesern und Leserinnen diese gemütliche Osteria nahelegen. Wunderbare Spaghetti con la colatura di alici, Pesce al forno (tagesfrische Fische aus dem Ofen) und zum Abschluss Spumone (regionaltypische Eistorte)!

ISCHIA

IL FOCOLARE
Via Cretajo al Crocefisso 3
Barano d'Ischia
Wer hierher kommt, muss zwei Dinge tun: erstens die riesigen Wurzeln des von Lavagestein fast vollständig umgebenen Olivenbaums betrachten und zweitens Kaninchen essen. Denn hier gibt es die wohl besten Kaninchen nach Ischia-Art (➛ Rezept S. 102). *Als Vorspeise empfehle ich die verschiedenen Schneckenrezepte, als Dessert sollte man sich die köstliche Crostata al limone nicht entgehen lassen.*

Glossar

Al dente *„Bissfest", Garstufe für Pasta secca.*
Bucatini *Röhrennudeln.*
Büffelmozzarella *Mozzarella di buffala – Mozzarella aus Büffelmilch gilt als der beste, weil Büffelmilch viel fettreicher ist als Kuhmilch.*
Caciocavallo *Ein sehr traditioneller Käse, dessen Geschichte wahrscheinlich bis weit in die Antike zurückreicht; er besitzt bis heute die Form einer Kugel und wird aus Kuh- oder Schafmilch hergestellt (44 % F.i.T.). Es gibt ihn in verschiedenen Reifestufen, sehr reife Käse werden gerieben und wie Parmesan verwendet. Wahrscheinlich wurde der Käse früher aus Pferdemilch hergestellt oder in einer Pferdeblase gereift, daher der Name:* cacio = *Käse,* cavallo = *Pferd.*
Caciotta *Oberbegriff für eine ganze Palette verschiedener Käse aus Kuh-, Schaf- und/oder Ziegenmilch; der Begriff stammt wahrscheinlich vom etruskischen Wort für Käse ab* (caciola). *Alle Käse haben einen kleinen Laib (ca. 1 kg schwer) und meist eine gelbe Rinde. Junge Käselaibe sind meist rund, die älteren gereiften haben eine zylindrische Form.*
Caciotta caprese *Herrlich aromatischer Frischkäse aus Capri, der früher nur aus Schaf- und/oder Ziegenmilch hergestellt wurde, heute auch aus Kuhmilch. Er hat sein typisches Aroma, das vom zugefügten Weinessig (manche nehmen auch Apfelessig) stammt.*
Caciotta romana *Berühmter Schafmilch-Käse (manchmal auch Schaf- und Kuhmilch gemischt) aus dem Latium, der seine typische Farbe vom zugefügten Safran hat; wird meist jung (14 Tage Reife) genossen und hat einen milden, süßlichen Geschmack.*
Cerignola *Berühmte Kirschtomaten-Sorte; sie schmecken süßlich-aromatisch und eignen sich besonders gut für Salate, (ungekocht) für Pasta, Pizza oder nur ganz kurz gedünstete Saucen.*
Cervellatine *Traditionelle neapolitanische sehr grobe Bratwurst aus Schweinefleisch im Schweinedarm mit starker Pfeffernote; früher wurde auch das Schweinehirn in das Brät eingearbeitet, woher die Wurst ihren Namen hat* (cervello/a = *Hirn).*
Colatura di alici *Eine extrem aromatische Sauce aus fermentierten Sardinen und Sardellen, wird als Gewürz für Pasta, Pizza, Fisch-, Fleisch- und Gemüsegerichte verwendet und ist dem antiken* garum *(liquamen ➛ La cucina in epoca greco-romana) nachempfunden.*
Concentrato di pomodoro *In der Form* doppio *(doppelt konzentriert) ist es ein einreduziertes Tomatenpüree (meist in Dosen oder Flaschen abgefüllt), in der Form* tripolo *(dreifach konzentriert) entspricht es unserem Tomatenmark (meist in Dosen oder Tuben abgefüllt); beide sorgen für extra-intensiven Tomatengeschmack.*
Cotechino *Deftige Schlackwurst aus Schweineschwarten und Fleischresten; wird gekocht (meist mit Hülsenfrüchten, Gemüsen u. Ä.).*
Durum *Hartweizen; aus seinem Grieß wird die berühmte neapolitanische Pasta hergestellt, sein Mehl für Brot und Gebäck verwendet.*
Emmer *Weizenart, auch Zweikorn genannt, gehört zu den ältesten kultivierten Getreidearten.*
Fior di latte *Wörtlich übersetzt „Milchblume"; ist die richtige Bezeichnung für einen aus Kuhmilch hergestellten Mozzarella.*
Freselle *Sehr harte Brotkringel aus Mehrkorn, die vor der Verwendung mit Wasser und/oder Öl eingeweicht werden; besonders gut für Salate u. Ä. geeignet.*
Friarielli *Das Nationalgemüse und zugleich die Leibspeise der Neapolitaner; auf Deutsch heißt dieses Blattgemüse Rübstiel und wird in Neapel vor allem zusammen mit gebratenen Würsten und geschmolzenem Käse genossen, dient aber gedünstet auch als vielfältig eingesetzte Beilage.*
Fujenni *„Halbgar", typische neapolitanische Garstufe für Pasta, die meist angewandt wird, wenn die halbgar gekochte Pasta noch in der vorgesehenen Sauce nachziehen soll.*
Gragnano *Kleiner Ort in der Provinz Neapel, der für seine traditionell hergestellte Pasta weltberühmt ist.*
Gragnano DOC *Für die Region sehr typischer Rotwein, der nach traditioneller Methode vinifiziert wird; es handelt sich um einen perlenden Rotwein, der in einfachen Qualitäten als Schankwein vom Fass ausgeschenkt wird und in zum Teil sehr guten Qualitäten auch als Flaschenabfüllung erhältlich ist.*
Grana Padano *Verbreiteter italienischer Hartkäse aus Kuhmilch, wird gern als „Ersatz" für den (nicht selten wesentlich teureren) ➛ Parmigiano Reggiano verwendet, ist aber nicht ganz so aromatisch.*
Greco di Tufo *Aus dem gleichnamigen kalabri-*

schen Dorf stammender trockener Weißwein, der aus der Hauptsorte Greco bianco (85–100 %) und der Nebensorte Coda di volpe (bis max. 15 %) gekeltert wird.

Lardo *Gesalzener und gereifter Rückenspeck vom Schwein (oft mit Kräuteraroma).*

Limone di Sorrento *Von einem Konsortium geschützte Zitronensorte, die aus einem speziellen Anbaugebiet stammt. Die mindestens 85 g schweren Zitrusfrüchte haben eine sehr aromatische Schale (reich an ätherischen Ölen), weshalb sie vor allem zur Herstellung von Limoncello geeignet ist. Der erfrischende Saft der Zitrone ist reich an Vitamin C und Mineralsalzen und besonders gut für ➛ Spremuta geeignet (www.limonedisorrentoigp.it).*

Linguine *Lange Pastaform (ca. 4 mm breit), die an abgeflachte Spaghetti erinnert; sie waren wohl die ursprünglichen ➛ Vermicelli.*

Malabar-Pfeffer *Der wohl beste Pfeffer der Welt stammt von der Malabar-Küste Indiens (beste Qualitäten werden noch heute handgeerntet).*

Manitoba *Aus Kanada stammendes Spezialmehl mit sehr hohem Glutenanteil, besonders gut für Pizza und feines Gebäck. Es kann in unterschiedlichen Mischungsverhältnissen auch zum Aufbessern von Weizenmehl genommen werden.*

Mehl *In Italien fast immer tipo 00, ersatzweise kann man Type 480 oder 405 nehmen.*

Mezzani *Kurze (max. 8 cm lange) Röhrennudeln (in etwa so groß wie Penne).*

Mozzarella *Oberbegriff für eine ganze Reihe verschiedener italienischer Käsesorten, die zuerst „gesponnen" und dann geschnitten werden. Das Schneiden des Käseteiges in Portionen nennt der Fachmann mozzatura (abgeleitet vom italienischen Wort* mozzare *= schneiden), woher der Käse seinen Namen hat.*

Napoli *Eine kleine runde und berühmte Tomatensorte, die ihre Herkunft im Namen trägt; sie braucht besonders kalkhaltige Böden, wie sie etwa die Lavaerde rund um den Vesuv bietet.*

Nnoglie *Typische neapolitanische Wurst aus Schweinekutteln im Schweinedarm mit der Würze von Orangenschale, Knoblauch, Chili, Fenchel, Lorbeer und Salz (sie ähnelt ein wenig den französischen Andouillettes).*

Normale *Garstufe für Pasta, die eher weich gekocht sein sollte (etwa 1–2 Minuten Kochzeit mehr als bei ➛* al dente*).*

Origanato *In Neapel gebräuchliche Bezeichnung für Speisen, die (fast ausschließlich) mit Oregano gewürzt wurden/werden.*

Paccheri *Traditionelle Pastaform Neapels, Röhrennudeln mit einem sehr großen Durchmesser.*

Parmigiano Reggiano *Weltberühmter italienischer Hartkäse aus Kuhmilch.*

Passata di pomodoro *Küchenfertig eingedickter Tomatensaft aus passierten Tomaten.*

Pecorino *Aromatischer Hartkäse aus Schafmilch (in unterschiedlichen Reifestufen erhältlich).*

Pelati *Geschälte Tomaten (in der Dose); sollten vor der Weiterverarbeitung noch entkernt werden.*

Peperoncini *Scharfe rote Chilischoten: Am Fuße des Vesuv gedeihen nicht nur wunderbar aromatische Tomaten, sondern auch ganz spezielle, kleine und extrem scharfe Peperoncini – schon eine Schote genügt, um 1 Liter Tomatensauce zu würzen. In der neapolitanischen Umgangssprache nennt man diese Sorte* diavoletto vesuviano.

Perciatelli *Den ➛ Bucatini ähnliche Röhrennudeln aus Neapel.*

Polpa di pomodoro *Grob passierte, kleine Tomatenstücke; eine Grundzutat für schnell zubereitete Tomatensaucen.*

Pomodori pelati *➛ Pelati.*

Ricotta romana *Traditioneller Frischkäse (Molkekäse) aus Kuhmilch mit zartem, streichbarem Teig und süßlichem Geschmack (77,5 % F.i.T.).*

Rigatoni *Röhrennudeln mit sehr großem Durchmesser.*

Saba *Sirupartig eingekochter Traubenmost.*

Salame Napoletano *Relativ grobe Salami (ohne Schimmelschicht) aus Neapel mit charakteristischer Schärfe (Chili) und Würze (Knoblauch, Weißwein, Pfeffer), die nach kurzer Trocknung über Pappelholz geräuchert wurde; sie besteht aus Schweinefleisch und Speck oder aus 1/3 Schweinefleisch, 1/3 Jungochsenfleisch und 1/3 Speck und wird traditionell in Naturdärme vom Pferd abgefüllt.*

Salsicce *Italienische Bratwürste aus grobem Brät.*

Salsicce, neapolitanische *Ursprünglich ➛ cervellatine genannte grobe Bratwürste im Schweinedarm mit typischem Aroma von kräftigem Rotwein, schwarzem Pfeffer (grob geschrotet) und Meersalz.*

San-Marzano-Tomaten *Die länglichen oder eierförmigen Früchte dieser Sorte verwendet man zum Einmachen, Trocknen oder für frisch zubereitete Saucen; sie haben ein festes, süßliches*

Fruchtfleisch und einen unvergleichlich aromatischen Geschmack – die besten Qualitäten stammen von den Anbauflächen rund um den Vesuv.

Sedani *5–10 cm lange Röhrennudeln mit mittelgroßem Durchmesser (ca. 0,5–1 cm).*

Sorrento *Eine Variante der ➛ San-Marzano-Tomate mit etwas weicherem Fruchtfleisch; sie ist in Italien nicht sehr beliebt, daher werden 90 % von ihnen konserviert und exportiert.*

Spremuta *Frisch gepresster Saft (meist aus Orangen und Zitronen), wird in Neapel gerne mit Karbonat versetzt.*

Spumone *Ursprünglich wahrscheinlich aus Sizilien stammende kleine Eistorte, die in Neapel und vor allem an der Amalfiküste sehr beliebt ist und dort auch Cassata Napoletana genannt wird; es handelt sich dabei um eine Schichttorte aus Biskuit und drei verschiedenen Eissorten (meist Haselnuss, Stracciatella und Schokolade).*

Taurasi *Einziger DOCG-Rotwein Kampaniens aus der gleichnamigen Gemeinde; kräftig-rubinroter trockener Rotwein (12–14 % Alkohol) mit typischen Aromen nach Veilchen und Sauerkirschen.*

Vermicelli *Wörtlich übersetzt „Würmchen"; heute hauptsächlich in Süditalien verwendeter Oberbegriff für verschiedene lange Pastasorten (Fadennudeln, mitteldicke Spaghetti bis dicke Spaghetti etc.); traditionelle Vermicelli haben einen Querschnitt von 0,2–2,15 mm; ursprünglich waren die Vermicelli – ähnlich wie die Linguine – abgeflacht.*

Weizenmehl ➛ *Mehl*

Ziti *Typische neapolitanische Pasta, die ursprünglich aus langen Röhrennudeln (Länge wie Spaghetti) mit recht großem Durchmesser (ähnlich wie bei Penne) bestand; heute sind die Ziti meist geschnitten. Weil sie den Penne derart ähneln, wird diese Pastaform* penne ziti lisce *(wenn die Enden abgeschrägt sind) oder* sigarette ziti *(wenn die Enden glatt sind) genannt.*

Rezeptregister italienisch

Rezeptregister deutsch

Bibliografische Information der Deutschen Nationalbibliothek
Die Deutsche Nationalbibliothek verzeichnet diese Publikation in der Deutschen Nationalbibliografie;
detaillierte bibliografische Daten sind im Internet über http://dnb.d-nb.de abrufbar.

1. Auflage

Grafische Gestaltung: Peter Manfredini
Lektorat: Inge Fasan
Fotos: Frontcover oben: Getty Images/Steve Ryan, unten: Stockfood/Innerhofer Photodes.;
Rückseite oben: Getty Images, unten: Stockfood/Interior Archive;
alle anderen Fotos: Gerd Wolfgang Sievers

Gedruckt in der EU

ISBN 978-3-85033-601-7

Christian Brandstätter Verlag
GmbH & Co KG
A-1080 Wien, Wickenburggasse 26
Telefon (+43-1) 512 15 43-0
Telefax (+43-1) 512 15 43-231
E-Mail: info@cbv.at
www.cbv.at